ULLSTEIN

Das Buch

Skorpione sind introvertiert und neigen zu extrem starken Gefühlen. So sagt man. Aber haben Sie sich schon einmal überlegt, was passiert, wenn eine Heiratsagentur Skorpionfrauen vermittelt? Wenn ein Skorpionkunstwerk den Weg zurück in den Heimatort des Künstlers findet? Wußten Sie, warum man Skorpionen besser keine Broschen schenkt? Was für Methoden Schnüffler mit Sternzeichen Skorpion anwenden? Wie raffiniert ein Skorpionmann auf der Jagd nach der Frau seines Lebens vorgeht? Und warum man Skorpionfrauen mit roten Leihcabriolets keinesfalls unterschätzen sollte?

In der Reihe *Astrokrimis* sind in unserem Hause erschienen:

Skrupellose Fische
Tödliche Widder
Erbarmungslose Stiere
Gefährliche Zwillinge
Tückische Krebse
Mörderische Löwen
Eiskalte Jungfrauen
Rätselhafte Waagen
Geheimnisvolle Schützen
Kaltblütige Steinböcke
Dunkle Wassermänner

Mysteriöse *Skorpione*

Mit Geschichten von:

Anne Perry
Gabriele Wolff
Ann Camones
Annette Döbrich
Sabine Thomas
Klaus Modick

Ullstein

Die Reihe *Astrokrimis*
wird herausgegeben von

Thea Dorn
Uta Glaubitz und
Lisa Kuppler

Gesamtlektorat: Oliver Thomas Domzalski

Ullstein Taschenbuchverlag 2001
Der Ullstein Taschenbuchverlag ist ein Unternehmen
der Econ Ullstein List Verlag GmbH & Co. KG, München

Umschlagkonzept: Lohmüller Werbeagentur GmbH & Co. KG, Berlin
Umschlaggestaltung: Bezaubernde Gini, München, in Anlehnung an
die Originalausgabe, Reihengestaltung Moni Port, Eichborn Verlag
Titelabbildung: »Niño espulgándose« von
Bartolomé Esteban Murillo, ca. 1645 (Louvre, Paris)
Satz: Fuldaer Verlagsagentur, Fulda
Druck und Bindearbeiten: Clausen & Bosse, Leck
Printed in Germany
ISBN 3-548-25181-1

Inhaltsverzeichnis

Gabriele Wolff

Tödlicher Stachel

Ich wußte fast alles über sie, als ich ihr das erste Mal zufällig in ihrer Stammkneipe begegnete. Und doch hätte ich Katarina an jenem Tag beinahe nicht erkannt. Sie sah ganz anders aus als auf dem Foto. Mag sein, daß es ihre langen blonden Haare waren, vielmehr: dieser alberne Männerreflex, auf langhaarige Blondinen wie ein Pawlowscher Testhund zu reagieren, zumindest in der Form, daß man immer einen zweiten Blick riskiert. Jedenfalls hatte ich den Lebenslauf mit dem akkurat in der rechten oberen Ecke des DIN-A4-Blattes aufgeklebten Blondinenporträt zu mir herumgedreht und dieses Foto lange betrachtet.

Ich hatte in Bernhards Büro gesessen, Bernhard holte gerade Kaffee für uns oder war in eine seiner immer so unglaublich wichtigen Konferenzen geeilt und hatte mich allein in seinem Büro zurückgelassen, ich weiß es nicht mehr genau. Ganz genau weiß ich nur noch, daß diese ernsten dunkelblauen Augen direkt in meine Seele schauten. Sie meinten nur mich. Ein leicht spöttischer Zug um Katarinas geschlossene Lippen sagte mir, daß ich mich trotzdem nicht allzu ernst nehmen sollte. Attraktive Falten zwischen Nase und Mundwinkeln versprachen leidenschaftliche Nächte. Die glatte hohe Stirn wies sie als intelligente Gegnerin aus, das starke Kinn kündete von Kampfgeist, und nur die leichten Schatten unter den Augen bewiesen, daß Katarina manchmal ihre Kräfte überschätzte.

Sie wollen ein Geständnis?

Habe ich nicht schon alles gesagt?

Dieses Bild, dieses Gesicht, faszinierte mich. Diese Frau war meine große Liebe. Nein, noch nicht, aber sie würde es werden. Nicht so wie die letzte, Birgit, von der ich nur geglaubt hatte, daß sie es sei; dabei hatte sich schon nach kurzer Zeit herausgestellt, daß Birgit Sex für eine entspannende Sportart hielt, und Beziehung für eine Talkshow, bei der es darauf ankommt, mit größtmöglicher Präzision den durchschnittlichen Publikumsgeschmack zu treffen. Ich bin alles andere als durchschnittlich. Von den Mysterien der Liebe verstand sie nicht viel, obwohl sie mich mit ihrer sogenannten Liebe verfolgte, und von mir verstand sie überhaupt nichts. Bei ihr gab es nichts zu entdecken. Sie war solide wie ein Stück Graubrot. Kennen Sie noch irgend jemanden, der schlichtes Graubrot ißt? Muß es nicht zumindest ein Dreikorn-, besser noch ein Fünfkornbrot, mit aufgepapptem Qualitätssiegel »Weltmeisterbrot« oder ähnliches sein?

Nun ja, jedenfalls hatte Birgit nicht einmal verstanden (oder verstehen wollen), daß es aus war. Aus und vorbei. Erst mit ihrem Unfall kam wie über Nacht die Befreiung. Für sie und für mich. Wenn ich an ihren letzten Blick denke, so voller Frieden, weiß ich nicht, wer von uns beiden glücklicher über dieses Ende war. Entschuldigen Sie die Abschweifung. Sie hat nichts mit Katarina und mir zu tun. Gar nichts. Kehren wir in Bernhards Büro zurück:

Den getippten Lebenslauf von Katarina Jäger überflog ich fast achtlos, und dennoch brannten sich seine Daten unauslöschlich in mein Gedächtnis ein. Ich verlege Einkaufszettel, stehe vor dem Kleiderschrank und weiß nicht, was ich da eigentlich soll, schon zweimal wurde meine EC-Karte eingezogen, weil ich hartnäckig die falsche Geheimzahl eingetippt hatte – aber Katarinas Adresse, ihre Telefonnummer, ihre früheren Arbeitgeber, ihr Geburtsdatum, alles das wirkte höchst lebendig in mir weiter und verlangte nach Erforschung. Diese toten Fakten und Zahlen sprangen mich an und wollten zu Bildern, Geschichten, mit einem Wort: zu einer gemeinsamen Wirklichkeit werden. Ich wollte das Haus sehen, in dem sie lebte, ein Mietshaus, ein Einfamilienhaus im Grünen, eine aufgepeppte ehemalige Fabrik vielleicht? Sie bewarb sich auf eine Anzeige, in der Bernhards Sender eine Redakteurin suchte, und schon sah ich Katarina vor meinem geistigen Auge, konzentriert vor einem Laptop sitzend, mit dem spöttischen Zug um den Mund, den ich von dem Foto kannte, eine achtlos verglimmende Zigarette im Aschenbecher auf dem Schreibtisch, die tiefblauen Augen auf die Tasten gerichtet, über die ihre kräftigen Finger tanzten, nicht elegant, nein, in energischem Stakkato. Was hatte diese Frau zu schreiben und zu sagen? Warum hatte sie vor drei Monaten ihre Position bei der größten Tageszeitung der Stadt aufgegeben? Und welches Schicksal verbarg sich hinter diesem grauenhaft endgültigen Wort: »verwitwet«? Eine schöne einunddreißigjährige Frau, und verwitwet?

Sie finden, daß in dieser Geschichte der Tod, vom dramaturgischen Standpunkt aus betrachtet, viel zu früh eine gewisse Rolle spielt? Oder gar viel zu spät? Mag sein, aber es ist nun mal meine Geschichte, eine wahre Geschichte eben, und mein professionelles Handwerk, das ansonsten dem Tod durchaus die ihm gebührende Rolle und Bedeutung zuweist, übe ich nur aus, wenn ich dafür bezahlt werde. Das müssen Sie mir glauben.

Ich hätte Katarina fast nicht erkannt, weil sie eine feuerrote Kurzhaarfrisur trug und viel zierlicher wirkte und kleiner war, als ich sie mir vorgestellt hatte. Die Schatten unter den Augen hatten sich vertieft, und ihre Wangenknochen traten stärker hervor. Aber jetzt sah ich auch Lachfältchen an den Rändern dieser schönen, auch in der Wirklichkeit tiefblauen Augen, und sie bewegte sich mit der ungestümen Energie eines Fohlens. Natürlich war sie nicht allein, Frauen gehen niemals allein in eine Kneipe, es sei denn, sie warten dort auf jemanden, mit dem sie verabredet sind. Und Katarina Jäger wartete auf niemanden, jedenfalls wußte sie noch nichts von meiner Verabredung mit ihr. Sie war mit einer Freundin da, einer wesentlich älteren, vitalen Frau mit erstaunlich jugendlichem Langhaar. Allerdings in Eisgrau – ein frappierender Kontrast. Eine Lady Macbeth in Jeans, nur daß diese Freundin keine hysterische Büßerin war, sondern ein wachsames mütterliches Bollwerk gegen männliche Zumutungen, wie sie in solchen Kneipen auch dann lauern, wenn Frauen dort öfter hingehen. Und Katarina wurde so freundlich und von so vielen verschiedenen Leuten begrüßt, daß es sich um ihre Stammkneipe handeln mußte.

Die Leute bedeuteten ihr nichts, das erkannte ich an der kumpelhaften Art, in der sie zurückgrüßte und wohl auch einige Worte wechselte, ohne Scheu vor körperlichen Berührungen. Kein Schauer, der ihr über den Rücken lief, wenn so ein Lederjackentyp ihren Ellenbogen tätschelte. Kein Erweitern der Pupille bei direkter Ansprache. Kein vertrautes Neigen des Kopfes als Reminiszenz an frühere Hingabe. Ich rauchte erst, als ich sah, daß ihre eisgraue Freundin ihr Feuer gab. Das Bild der glimmenden Zigarette in einem Aschenbecher ... Ich blätterte in meinen Katalogen und Bildbänden über japanische Kunst und Architektur, Netsukes, Aquarelle und Tuschezeichnungen, Samuraischwerter, Holzhäuser mit pergamentenen Schiebetüren, Zen-Gärten, und vertiefte mich dann in den Gedichtband mit Haikkus. Ich trank Mineralwasser und beobachtete mit einer leise pochenden Siegesgewißheit, daß sie Pils trank. Kein Getue, kein überteuerter trockener Weißwein zweifelhafter Provenienz, sie trank genau das, was man in einer solchen Kneipe trinken sollte. Kein »Aaaah«, kein hemdsärmeliges Schaumabwischen, aber auch kein damenhaftes Schlürfen mit zierlich gespitzter Schnute. Sie trank einfach, mehr war dazu nicht zu sagen. Dann und wann sah ich Katarina auch direkt an. Ihre Schönheit schmerzte.

Es würde weh tun, von ihr verlassen zu werden. Es könnte sein, daß ihr Weggehen mich vernichtet, dachte ich.

»Du hast einen Verehrer«, sagte Gudrun und grinste.

»Quatsch, natürlich nicht«, gab Katarina zurück. »Es ist doch viel zu früh für .... so etwas. Es ist schwierig genug, mit mir selber klarzukommen in meinem neuen Leben. Ich bin ja schon froh, wenn ich mich über Kleinigkeiten freuen kann, Lust auf Eiscreme, verrückte neue Haarfarben ausprobieren, Sonne, frischgeputzte Fenster ... Du weißt, wie ich das hasse, Fensterputzen, und jetzt bin ich schon froh, daß ich mich dazu aufraffen kann, so eine Arbeit überhaupt in Angriff zu nehmen. Und dann auch noch zu Ende zu bringen! Und danach sitze ich auf dem Sofa und schaue stundenlang aus dem Fenster, so lange, bis mir die Putzstreifen auffallen und ich wieder durch die Bude tigern muß, unruhig bis zum Geht-nicht-mehr, weil ich ja genau weiß, daß es wieder sechs Monate dauern wird, bis ich einen Putzteufelanfall kriege. Und so lange muß ich mit der Unvollkommenheit streifiger Scheiben leben. Tja ...« sie lachte verlegen, den Kopf auf die Hand gestützt. »Ich hatte schon mal mehr Niveau, klar. Mir fällt die Decke auf den Kopf, deshalb sehe ich mich ja auch wieder nach einer neuen Stelle um. Denn mit meinem Buchprojekt komme ich auch nicht voran, ich denke dauernd an etwas anderes, in meinem Kopf spielen sich ganz andere Dinge ab als ostasiatische Kulturen, ich kann mich einfach nicht konzentrieren. So ist das.« Sie ließ den Kopf hängen, und Gudrun befürchtete schon, daß ihre Freundin gegen die Tränen kämpfte, wie so oft in letzter Zeit. Doch dann blickte Katarina wieder hoch, mit einem so übermütigen Funkeln in den Augen, daß sich die Mundwinkel der Älteren automatisch in Erwartung einer witzigen Bemerkung hoben.

»Weißt du was? Wenn ich es mal wieder schaffe, zwei gleiche Socken anzuziehen, dann werde ich dem Gedanken an einen Verehrer vielleicht wirklich mal nähertreten, aber so ...« Kichernd zeigte Katarina auf ihre Füße, die in derben Schnürschuhen steckten. Zwischen braunem Leder und beiger Khakihose blitzten ein dunkelblauer und ein brauner Strumpf auf.

»Sag mal, Gudrun«, begann Katarina, nachdem sie sich beruhigt hatte, und sah auf einmal jung und entschlossen aus. »Wie kommst du überhaupt auf diesen Quatsch mit einem Verehrer?«

»Ich rede von dem dunklen Mann da hinten an dem Tisch. Dreh dich nicht um. Er sieht dich schon die ganze Zeit an.«

Natürlich drehte sie sich doch um, allerdings ganz langsam und wie absichtslos, ließ den Blick durch den Raum schweifen, als suche sie vage jemanden in der Menge.

»Eigentlich könnten wir ja was essen, eine Kleinigkeit nur«, schlug sie ihrer Freundin vor.

»Du meinst, weil wir uns dann einen Tisch suchen müssen? Und weil für diesen Zweck nur ein einziger in Betracht kommt?«

»Spielverderberin«, flüsterte Katarina und lächelte.

Ich sah, wie sie sich die Speisekarte geben ließ. Alle Tische waren besetzt, nur an meinem waren noch drei Plätze frei. Meine großzügig auf dem Tisch verstreuten Bücher markierten mein Revier, mein abweisender Blick wies ab, und ich war so zurückgezogen in meine Welt, daß ein Fremder, der glaubte, mit mir ein nichtssagendes Gespräch anfangen zu können, schon unter hochgradigem Wahrnehmungsverlust leiden mußte. Auf die Frage: »Ist hier noch etwas frei?« würde ich mit konzentriertem Umblättern reagieren – es sei denn, Katarina stellte mir diese Frage. Ihr würde ich es leichter machen. Nein, ich hatte es ihr schon leichter gemacht. Meine Lektüreauswahl bürgte für einen zwanglosen Gesprächsbeginn.

Aus dem Augenwinkel sah ich, wie sie ihre Lederjacke auszog, einen schlichten Blouson aus einem so geschmeidigen, weichen Wildleder, daß man Lust bekam, es anzufassen, es zu streicheln und seinen Duft einzusaugen. Nicht nur, weil *sie* die Jacke getragen hatte. Katarina wußte um mich, denn jetzt hängte sie die Jacke an einen Haken, der schräg hinter ihr halbhoch an der Wand angebracht war. Die Bewegung, mit der sie die Jacke aufhängte, hinter sich ins Leere tastend, ohne auch nur einmal den Blick von ihrer Freundin abzuwenden, war sowohl graziös als auch ungeschickt, denn Katarina verfehlte den Haken mehrere Male. Um so eingehender konnte ich die glänzende Haut ihrer nur ein klein wenig zu knochigen Schulter studieren und die dunklere Höhle ihrer Achsel. Der eigentliche Grund, warum sie die Jacke auf diese Weise und nicht anders aufhängte, war aber das leichte Hohlkreuz, das durch die Geste entstand. Sie gab mir Gelegenheit, die sich jetzt deutlich abzeichnende Linie ihrer Brüste im Halbprofil zu genießen, fast bildete ich mir ein, das leise Gleiten der Seide auf ihrer Haut und dem hauchdünnen Stoff ihres BH zu hören. Sie trug keinen Schmuck, und den brauchte sie auch nicht. Diese ärmellose Seidenbluse in gleißendem Weiß war Schmuck genug, sie überließ die Hauptrolle ihrer Haut.

Ich verstand mich selbst nicht: Ich saß da und krampfte

meine Finger um den Gedichtband, nur um nicht aufzuspringen und Katarina anzufallen, richtiggehend anzufallen, den Kopf in ihren Ausschnitt zu vergraben, ihre Haut zu spüren, ihren Herzschlag zu hören ... All dieses verrückte Zeug, das man sonst in einem eher höflichen Ritual hinter sich bringt, bevor man sich den wirklich erregenden Zonen zuwenden darf, davon träumte ich jetzt, und ich träumte nicht einmal darüber hinaus. Wie ich schon sagte, die große Liebe.

Ich fand diese Frau schön, und ich fand sie verführerisch angezogen. Dabei sah ich durchaus, daß ihre Bluse und die Jacke sehr feminin, teuer und von schlichter Eleganz waren und eigentlich nicht zu der ausgebeulten Hose und den klobigen Schuhen paßten. Mir entging auch nicht, daß sich am unteren Rand des Armausschnittes ein Schweißfleck gebildet hatte. Außerdem trug Katarina verschiedenfarbige Socken, und der Ledergürtel war einer von der Sorte, den man nie wegwirft, weil er ein Leben lang hält, wenn auch die Schnalle das Leder aufgescheuert und das Loch ausgefranst hat. Katarina hatte wohl abgenommen, denn man konnte die Abdrücke jahrelangen Gebrauchs an einer anderen Stelle erkennen als der, die jetzt unter der Schnalle lag.

Jeder hätte sich in diese Frau verliebt, jeder, selbst Sie, der Sie sich jetzt so professionell distanziert geben. Dabei hatte ich noch nicht einmal ihre Stimme gehört, ihre Sprachfärbung, die Art, wie sie redete. Ich riß mich zusammen. Ich durfte den Moment nicht verpassen, in dem sie aufstand und herüberkam.

Und dann verpaßte ich ihn doch, was, rückblickend betrachtet, das Beste war, was mir passieren konnte. Denn als sie an meinem Tisch stand und, sehr weiblich, sehr geschickt, ihrer Freundin das Reden überließ, schrak ich tatsächlich von meinem Buch auf, wenn auch nicht verloren in einem japanischen Kurzgedicht, sondern in meiner Träumerei.

»Selbstverständlich, nehmen Sie doch – setzen Sie sich, bitte«, stammelte ich. Und in meiner Bestürzung darüber, wie vollkommen ich die Kontrolle über das Geschehen aus der Hand gegeben hatte, fegte ich mit meiner einladenden Geste auch noch gleich einen Katalog vom Tisch. Den sie aufhob und mir zurückgab. Sie hatte den Köder geschluckt, ich sah es ihr an. Ihr kurzer Blick auf den Titel – es war die Broschüre über Zen-Gärten, jene stillen Orte der Sammlung –, dann eine nachdenkliche Miene und unwillkürliches Zupfen an ihrer perfekt fallenden Bluse. Die beiden Frauen setzten sich.

Ich räumte meine Bücher zusammen, als ob ich gehen wolle. Ich wußte, daß die Ältere jetzt etwas sagen würde.

»Haben wir Sie etwa vertrieben?« fragte sie mit einer leicht rauchigen Stimme. Vielleicht war die Frau doch jünger, als ihre Haarfarbe vermuten ließ. Sehr wachsame braune Augen. Sie wollte ihrer Freundin die Chance, einen netten Mann kennenzulernen, nicht vermasseln, aber gleichzeitig auch aufpassen, daß Katarina keinen Fehler machte. Wenn ich heute eine Frau erobern mußte, dann sie und nicht Katarina.

»Um Gottes willen, nein«, entgegnete ich mit meinem

charmantesten Lächeln. »Ich wollte sowieso nicht mehr lesen, vielleicht wollte ich das den ganzen Abend nicht wirklich. So eine Kneipe lenkt viel zu sehr ab. Könnte sein, daß ich die Ablenkung mehr gesucht habe, als ich mir selbst eingestehen wollte. Sie wissen ja, wie das ist.«

Die Frau hätte jetzt zustimmend nicken und sich dann der Speisekarte widmen können, die ihre Freundin ihr gerade hinüberschob. Katarina hatte links von mir Platz genommen, und die Frau saß mir direkt gegenüber, wie um mich voll und klar ins Visier ihrer klugen, leicht abschätzig blickenden Augen nehmen zu können. Sie überging meine letzte Bemerkung nicht. Sie faßte sie als das auf, was sie war: eine Einladung zum Gespräch.

»Und ob wir das wissen«, entgegnete sie spöttisch. »Was meinen Sie, warum *wir* hier sind? An der Küche liegt es jedenfalls kaum. Aber immerhin« – sie sah sich in dem Raum um, in dem relativ normal aussehende Leute sich bemühten, dem coolen Interieur zumindest durch entsprechende Gesten gerecht zu werden – »man ist unter Menschen. Und die wollen auch nichts anderes, als unter Menschen zu sein. Was nehmen wir?« wandte sie sich etwas abrupt an Katarina.

Katarina hatte bis jetzt geschwiegen. Ich verbarg, wie gespannt ich darauf wartete, endlich ihre Stimme zu hören. Meine Geliebte hätte Eisbein mit Sauerkraut bestellen können, es war mir völlig egal, welche banalen Worte sie sagen würde. Nur der Klang ihrer Stimme ...

Sie war klar, bestimmt, eine schöne Mittellage.

»Was wir nehmen, weiß ich nicht. Was du nimmst, weiß

ich dagegen schon. Natürlich Reibekuchen mit Lachs, wie üblich. Ich selber bin etwas entscheidungsschwach zur Zeit.« Katarina sprach schnell, mit einem ironischen Unterton, der trotzdem Herzlichkeit einschloß.

»Ich finde, du solltest etwas Solides aussuchen. Hering mit Bratkartoffeln oder so etwas in der Richtung. Hält Leib und Seele zusammen«, schlug ihre Freundin vor. Entschlossen klappte sie die Speisekarte zu. Da war ein Vertrauen zwischen den beiden, wie man es öfter bei Ehepaaren erlebt, die, wenn auch alles andere entschwunden ist, einander noch in guter Freundschaft verbunden sind.

»Die Kohlroulade kann ich auch empfehlen«, mischte ich mich ein.

Und dann lachte sie plötzlich. Fröhlich, unbeschwert, irgendwie ansteckend, obwohl es mich dann doch traf, als sie nach mehreren vergeblichen Anläufen endlich eine Erklärung für ihr Gelächter vorbringen konnte.

»Entschuldigung, es kam so über mich, aber Zen-Gärten und Kohlroulade, das ist schon eine göttliche Kombination, ich stelle mir das gerade so vor, wissen Sie, gedankenversunken auf den geharkten Kies starren, und dann geht das los mit dem geräuschvollen Verdauungsprozeß der Kohlroulade ...« kicherte sie immer noch.

Ich machte gute Miene zum bösen Spiel. Dabei kannte ich Zen-Gärten erst seit vorgestern, als ich mir die Broschüre in einer Spezialbuchhandlung besorgt hatte.

Das hätte das erste Warnsignal sein müssen, meinen Sie?

In einem Film vielleicht, schön unterlegt mit dumpfem Kontrabaß, Schnitt, ihr ausgelassen perlendes Lachen, Gegenschnitt, seine angestrengte Munterkeit, ja, dann wäre es allen klargeworden. Aber in der Wirklichkeit verdrängt man die Wahrnehmung solcher winzig kleiner Dissonanzen, und Katarina sah ja auch so hinreißend aus, wenn sie lachte.

»Es bleibt die Möglichkeit, daß man die Kohlroulade hinterher ißt. Wenn man von Kontemplation die Nase voll hat, meine ich. Ich bin Hedonist«, sagte ich augenzwinkernd zu der älteren Frau.

»Ach«, hörte ich von der Seite.

Als der als Kellner verkleidete Schauspieler kam, ein langes weißes Leinentuch beschürzte knöchellang die Jeans, ein ebenso blütenweißes T-Shirt umspannte die modellierte Brust, prätentiöse Schlichtheit eben, lächelte sie den Kerl entspannt an. In blasiertem Tonfall wiederholte er ihre Bestellung, flötete: »Kommt sofort, meine Liebe«, ein widerlicher Typ, der ihre Freundlichkeit nicht verdiente. Katarina hatte das Exotischste ausgesucht, was man in diesem Laden bekommen konnte, Seeteufel mit Hummercremesauce auf schwarzen Spaghetti. Garantiert ein Fehler. Ich wählte eine Käseplatte, da konnten sie nicht viel falsch machen. Mißtrauen ist in solchen gestylten Kneipen angebracht. Warum stecken sie diese Kellner in Küchenweiß, obwohl die sich einer fettspritzenden Pfanne höchstens auf vier Meter nähern? Warum überhaupt solche schwulen Schönlinge, wenn dann doch überwiegend nur Reibekuchen, Bratkartoffeln und Kotelett mit Pommes serviert wurden? Ich verstand nicht, warum das hier ihre Lieblingskneipe war.

Während wir auf das Essen warteten, baute ich meinen Kontakt zu der älteren Frau aus. Gudrun hieß sie, wie ich der Anrede durch Katarina entnahm, hatte irgend etwas mit Marketing zu tun, geschieden, zwei Kinder, die wohl schon aus dem Haus waren, so genau hörte ich nicht zu. Von mir erzählte ich kaum etwas, ließ aber einfließen, daß ich ungebunden und in einem künstlerischen Beruf tätig sei, zugleich aber in einer relativ sicheren Position, also gottbewahre kein Hungerkünstler, der nur darauf wartet, seine Bücher und die Stehlampe in einem kuscheligen neuen Nest aufbauen zu dürfen, nein, dieser falsche Eindruck sollte nicht entstehen. Auch von Birgit sagte ich selbstverständlich nichts, ein Wort wie »Enttäuschung« wäre mir niemals über die Lippen gekommen. Katarina war kein Krankenschwestertyp, ganz und gar nicht. Überhaupt, so oft man sich auch ein wenig mehr Sensibilität von der jeweiligen Gefährtin gewünscht haben mag: Die mütterlichen Frauen, die sich tatsächlich einem Mann in all seinen widersprüchlichen Bedürfnissen widmen, auf alles eingehen, für alles und jedes Verständnis haben oder jedenfalls vorgeben, sind langweilig. Mit ganz großem L. Langweilig. Spätestens nach einem halben Jahr sehnt man sich nach der Einsamkeit und ihren Verlockungen. Dem Versprechen neuer Begegnungen, der Möglichkeit, sich wieder neu zu erfinden ...

Unsinn, ich bin nicht kompliziert. Ich weiß, was ich will. Seit diesem Tag in Bernhards Büro wollte ich Katarina. Und ich bekam sie auch, denn die wirkungsvollste Art, in einer Frau Begehren auszulösen, ist immer noch, sie zu ignorieren. Auf eine unaufdringliche Art flirtete ich den ganzen Abend mit Gudrun, die mehr und mehr auftaute. Ich erfuhr von ihr genau das, was mich interessierte. Die Art und Weise ihrer Freundschaft zu Katarina nämlich, die, obwohl Gudrun nur sechs Jahre älter als Katarina war – was ihre graue Mähne noch erstaunlicher machte, mit siebenunddreißig! –, doch starke mütterliche Züge hatte. Liebevoll, vertraut, offen. Die beste Freundin war sie, wie das so ist bei Frauen.

Katarina aß derweil, ohne die geringsten Anzeichen von Eifersucht, sie aß konzentriert und genüßlich. Ich sah, daß der Seeteufel nicht bißfest war und auseinanderfiel. Die Hummercreme war zu dick, um ihre Konsistenz nicht künstlicher Nachhilfe zu verdanken, und die sepiagefärbten Spaghetti glitschten wässrig auf dem Teller herum. Meine Käseplatte war von mittelmäßiger Qualität, nichts Aufregendes dabei, aber immerhin auch kein Schmelzkäsedreieck. Die Erdbeere auf Löwenzahn allerdings, die die mutlose Auswahl adeln sollte, war typisch für dieses Lokal. Gudrun hatte offensichtlich als einzige die richtige Wahl getroffen. Ich sagte es ihr.

Sie nickte lächelnd.

Ich hob mein Glas. Prostete ihr zu. Wählte meine Worte mit Bedacht.

»Gudrun, schön, euch kennengelernt zu haben. Ich heiße Jost.«

Du im Plural ist von überrumpelnder Selbstverständlichkeit. Ein plötzliches Du im Singular ist eine Grenzüberschreitung.

Katarina stieß mit mir an. Obwohl ich es so gewollt hatte, zuckte ich zusammen. Sah Katarina an. Ihr blauer Blick nun genau auf meinem Gesicht. Ihre Augen wie auf dem Foto. Um den Mund ein leicht spöttischer Zug, oder bildete ich mir das nur ein?

»Katja«, sagte sie.

Katja? Ich war so verwirrt, daß mir in diesem Moment nichts einfiel, nicht einmal eine konventionelle Geste. Meine Verblüffung, nein, Bestürzung, lähmte mich. Diese Frau war immer Katarina für mich gewesen. Katja paßte überhaupt nicht zu ihr. Wie kam sie auf diesen Namen?

»Katja, gut, ja dann«, sagte ich lahm.

Sie beugte sich zu mir. Ich konnte ihr Parfum riechen, ein flüchtiger, herb-frischer Duft.

»Eigentlich heiße ich Katarina. Ich weiß gar nicht, warum ich das jetzt gestehe. Sie haben irgendwie komisch geguckt, kann das sein? Seitdem ich vierzehn bin, nenne ich mich Katja. Klingt nicht ganz so katholisch. Prost.«

Wir stießen an, alle drei. Und tranken.

Jetzt war sie es, die die Führung übernahm. Alles kam sehr direkt, sehr logisch, mit zielsicherer Schärfe. Mehr Katja als Katarina.

»War das jetzt eben ein Brüderschaftstrinken? Vielleicht ein wenig vorschnell, oder?«

»Aha, Regisseur sind Sie? Off-off-off-Bühne, oder muß man Sie kennen?«

»Seit wann interessieren Sie sich für ostasiatische Kultur? Ich verstehe ... Für eine Inszenierung reicht oberflächliches Anlesen also aus, das hätte ich nicht gedacht. Sie arbeiten demnach auch fürs Fernsehen?«

Bei diesem Satz lachte sie wieder, dachte wohl an ihre gescheiterte Bewerbung. Ich hatte zwischenzeitlich mit Bernhard gesprochen. Es war mir gelungen, das Gespräch auf sie zu lenken, unauffällig, wie ich hoffte. Katarina war keine, die sich verkaufte. Zu kompromißlos, schade, schade, hatte Bernhard gesagt.

Ich hielt dem Dauerfeuer stand, ohne allzusehr auszuweichen. Blieb bei der Wahrheit, von der ich nicht geschworen hatte, daß sie die ganze sein würde. Lachte dann und wann, denn Katarinas offensiver Charme amüsierte mich fast mehr, als er mich verletzte. Sie wollte einfach nur wissen, mit wem sie es zu tun hatte. Bevor sie …

Ich mußte ihr unbedingt die Angst nehmen, einen Fehler zu machen. Mußte ihr das Gefühl geben, die Entscheidung selbst getroffen zu haben, ohne äußeren Zwang, einfach so, weil sie Lust dazu gehabt hatte. Ich durfte ihr keine Grundlage für die Entschuldigung liefern, daß sie in ihrer krisenhaften Lebenssituation dem Drängen eines recht attraktiven Mannes eben einfach nicht gewachsen gewesen sei.

Ich lud die Frauen nicht ein. Es wäre ein falsches Signal gewesen. Ich sprang auch nicht auf und zerrte ihre Jacke vom Haken, obwohl ich mir ziemlich sicher war, daß Katarina diese Geste gefallen hätte. Wirklich emanzipierte Frauen lieben altmodische Kavaliere. Aber in diesem Fall hätte sie sofort gewußt, daß ich sie den ganzen Abend intensiv beobachtet hatte, und das wollte ich nicht riskieren. Unsere Begegnung sollte die Note des Zufalls, des Schicksalhaften behalten, die sie für Katarina zweifellos hatte.

Ich wußte, daß sie nur zehn Minuten weit entfernt wohnte. Ich hatte auch festgestellt, daß man auf dem Weg zu ihrer Wohnung an einem Taxistand vorbeikam. Also stand ich jetzt draußen auf der Straße – das Wetter machte mit und steuerte einen lauen Abend bei, den ersten in diesem Spätfrühjahr – und spielte scheinbar unschlüssig mit dem Schlüsselbund. Ich wartete auf die beiden Frauen, die noch einmal die Toilette aufgesucht hatten. Das eigentliche Bedürfnis, das die beiden dorthin getrieben hatte, war mit Sicherheit der aktuelle Beratungsbedarf. Soll ich? fragte Katarina. Ist es nicht zu früh? Kann man ihm trauen? Laß es drauf ankommen, erwiderte Gudrun, kämmte ihre graue Mähne und zupfte den Pony zurecht. Entscheide dich spontan. Ich habe das Gefühl, daß er ungefährlich ist. Nicht ganz aufrichtig vielleicht, aber doch von der harmlosen Sorte. Ein bißchen in Richtung Angeber. Brauchst du ein Kondom?

So oder ähnlich würden sie sich unterhalten.

Ich zündete eine Zigarette an und wartete. Wir hatten uns noch nicht voneinander verabschiedet. Es war ein Gebot der Höflichkeit, zu warten, bis die beiden die Kneipe verließen ...

Katarina hielt die Hände unter den kalten Wasserstrahl, dann verrieb sie mit nassen Fingern die verschmierte Mascara, die dunkle Flecken auf der zarten Haut unter den

Augen hinterlassen hatte. Danach riß sie ein Stück von dem harten grünen Papierhandtuch ab und trocknete das Gesicht, bis es brannte.

»Hey, du lernst es wohl nie«, Gudruns Stimme war ungewohnt sanft. »Creme nimmt die Frau ab dreißig, Wasser und Papierhandtücher ruinieren doch die sogenannte reife Haut. Siehst du etwa keine Werbung?« Gudrun stand hinter ihr, im Spiegel trafen sich ihre Blicke.

»Bist schön genug«, sagte Gudrun und lächelte.

»Du meinst: für ihn?« Katarina lächelte auch, etwas zaghaft vielleicht. Sie drehte sich um, und Gudrun nahm sie in die Arme.

»Wird schon werden«, murmelte Gudrun.

Ich warf gerade meine Kippe in den Rinnstein, als die beiden zu mir auf den Bürgersteig traten. Sie wirkten gelöst und ruhig, als ob etwas entschieden sei. Ein geheimes Band war zwischen ihnen, etwas, das mir einen kleinen Stich versetzte.

»Da seid ihr ja«, rief ich etwas zu laut. »Ich wollte nur Tschüß sagen, nach Hause bringen kann ich ja leider keinen, obwohl mein Wagen dort drüben steht. Ich werde mir ein Taxi nehmen müssen.«

»Ich fahre sowieso mit der Bahn«, übernahm Gudrun die Strategie, die darauf hinauslaufen würde, mich mit Katarina allein zu lassen. »Sieht man sich wieder?« fragte sie und vermied genauso sorgfältig wie ich eine direkte Anrede.

»Ich hoffe doch sehr. Immerhin weiß ich, an welchem

Ort in dieser großen Stadt die größten Chancen bestehen, sich über den Weg zu laufen ...« erwiderte ich vage.

»Also dann, mach's gut, Katja«, Küßchen auf die rechte und die linke Wange, ein kurzes, aber freundliches Nicken in meine Richtung, dann war sie weg, mit sicherem, raschem Schritt. Diese Frau würde so leicht keiner überfallen.

»Ich muß da lang«, deutete ich die Richtung an.

»Ich auch«, erklärte Katarina. »Ich wohne nämlich nicht weit. Ich kann zu Fuß gehen.«

Übertrieben galant bot ich ihr meinen Arm an.

»Da bekomme ich ja doch noch die Möglichkeit, mein Angebot an die Frau zu bringen. Dem Schicksal sei gedankt. Ich begleite Sie natürlich.« Sie hakte sich bei mir ein, ohne auch nur einen Moment zu zögern.

Obwohl ihre Berührung so unschuldig wie die eines Kindes war, schlug mein Herz schneller, floß das Blut rhythmischer, wurde mir heiß. Ich kämpfte gegen das aufsteigende sexuelle Verlangen an, indem ich mathematische Operationen durchführte. Stumm und wie geistesabwesend spazierte ich neben ihr her. Sie würde mich für einen hoffnungslosen Beziehungskrüppel halten. Und sich selbst für jemanden, der nicht inspirierend genug ist, einem Mann, der in Gesellschaft zu angenehmer Konversation in der Lage ist, auch nur ein paar wärmende Nettigkeiten zu entlocken. Aber ich konnte nicht sprechen. Meine Erregung war kaum noch zu verbergen. Meine Stimme würde heiser sein. Primzahlen. Primzahlen waren noch immer die beste Methode, wenn keine kalte Dusche in der Nähe war.

»Es ist schön, zu schweigen, nicht?« sagte sie auf einmal

in beiläufigem Ton. »Wir haben fast zu viel geredet vorhin. Und du hast besonders wenig gesagt. Ich meine, von dir selbst, Jost.«

Sie blieb stehen und sah mich an. So direkt, daß ich zurückweichen wollte. Zugleich war Katarina selbst vollkommen schutzlos, Attacke bei geöffnetem Visier, eine verwirrende Kombination.

»Stimmt. Ich wollte dich beeindrucken. Klappt das immer mit der Wahrheit? Jedenfalls: mit der ganzen Wahrheit?« Meine Stimme war tatsächlich belegt. Ich räusperte mich.

»Bei mir schon. Mich erschrecken Lügen mehr als alles andere. Die Wahrheit hat nun mal mit Schnarchen und Angst vorm Spülen und üblen Frühstücksvorlieben wie Müsli mit Joghurt und so was zu tun. Oder meinst du etwa, ich glaube noch an den Märchenprinzen oder Tristan und Isolde?« Sie lachte eine Spur zu hart.

»Doch, das meine ich«, sagte ich. Ich faßte sie an den Schultern, dieses weiche, geschmeidige Leder, und zog Katarina sanft, aber bestimmt zu mir hin.

»Verdammt«, flüsterte sie gegen meine Brust. Ich spürte, wie Katarina schluckte. Der erste Kuß machte mich fast besinnungslos. Es gab nichts mehr um uns herum. Zuletzt hatte ich als Teenager so geküßt, schamlos, hemmungslos, nicht endenwollend.

Unsere erste Nacht war genauso. Es war wie das erste Mal, nur diesmal ohne die Ängste und Verkrampfungen, die auf mangelnder Erfahrung beruhen. Es war nicht einmal Raum für Vergleiche oder aufkeimende Furcht vor dem Versagen oder mangelnder Standhaftigkeit. Es war eine Offenbarung.

Sie sind ein Voyeur! Sie wollen Details? Die tun nichts zur Sache. Stellen Sie sich einfach ein paar einschlägige Filmbilder vor. So oder ähnlich läuft doch der äußere Vorgang ab, oder? Wobei ich mich frage, warum in den modernen Filmen immer die Frauen oben sind. Um ihre durchtrainierten Körper mit den Billardkugelbrüsten zu präsentieren? Um ihre Emanzipation zu beweisen? Oder will der männliche Zuschauer lieber eine Frau sehen als den Mann?

Ich schweife ab. Technik ist nicht unser Thema.

Wir lagen ineinander verschränkt, schweißnaß, sie roch so gut. Wir sahen uns ein wenig ungläubig an. Nicht einmal ich hatte eine Vorstellung davon gehabt, wie dieser Abend enden würde. Was da passiert war, hatte meine Vorstellungskraft gesprengt.

»Was für ein Sternzeichen bist du?« fragte sie ernsthaft.

Ach, diese Gespräche danach ... Dann doch lieber die Zigarette danach. Ich machte mich frei und holte einen Aschenbecher aus ihrem Wohnzimmer, in dem wir uns nur so lange aufgehalten hatten, wie wir brauchten, um uns gegenseitig auszuziehen. Ich steckte zwei Zigaretten an und reichte ihr eine.

»Du glaubst an so etwas?« Mein zärtlicher Spott war unüberhörbar. »Und was bist du?«

»Schütze«, gestand sie in einem Ton, als wisse ich jetzt über sie Bescheid. »Sogar ein besonders ausgeprägter. Aszendent auch Schütze. Ich kann dich nur warnen.«

»Gott sei Dank habe ich von Astrologie keine Ahnung, sonst würde ich jetzt vermutlich weglaufen. Aber du hast recht: Du bist wirklich eine Frau, die einen umhaut. Für die nächsten Stunden bin ich zu nichts zu gebrauchen, da bin ich mir ziemlich sicher.«

Sie machte dieses übertriebene Schmollgesicht, das mich bewegen sollte, sie doch bitte etwas ernster zu nehmen.

»Ok, ok, wenn du willst, ich gestehe meine völlige Unkenntnis auf diesem Gebiet ein. Aber ich werde schon deshalb nicht weglaufen, weil ich, glaube ich, auch Schütze bin«, sagte ich.

»Ach!«

Ich glaubte, Katarina schon gut genug zu kennen, um diesen Ausruf als Zeichen von Skepsis, von tiefsitzendem, uraltem und den Intellekt wachrufenden Zweifel zu deuten.

»Wann hast du denn Geburtstag?« erkundigte sie sich.

»Dreiundzwanzigster November. Anno 1960 in Bergisch-Gladbach. Aber für den Geburtsort kann ich nichts. Und, weißt du jetzt alles über mich?« neckte ich sie.

Katarina wischte die verklebten Haare aus der Stirn und atmete erleichtert aus.

»Mann, das war knapp. Du wärst fast ein Skorpion geworden. Das wäre tödlich gewesen. Lach jetzt nicht, erklären kann ich es auch nicht, aber die Empirie triumphiert. Und nach dem, was in den Büchern steht, schlimmer noch, was ich erlebt habe, sind Skorpione und Schützen völlig unvereinbar. Skorpione sind so heimlich, geradezu unheimlich, sie sammeln Informationen wie Mosaikstücke, sind furchtbar schnell gekränkt und bis ins Mark getroffen, sagen aber keinen Ton. Bis sie auf einmal, Wochen oder Monate später, zuschlagen. Und zu diesem Zeitpunkt wissen sie alles über dich und treffen dich an der Stelle, an der es wirklich wehtut. Und wir Schützen« – sie strahlte mich unbefangen, hinreißend mitreißend, voller Vertrauen an – »sind nun mal das glatte Gegenteil. Gesellschaftstiere, und doch mit Bedürfnis nach Unabhängigkeit und Freiheit. Treu und doch die großen Flirter. Kämpfer für das Ideale ohne Rücksicht auf Verluste. Und dann die Wahrheitsliebe ... Mein Gott, ich finde mich schon diplomatisch, wenn ich mal nicht sage, was ich denke, sondern nur meinen Mund halte.«

»Was wohl selten vorkommt«, zog ich sie auf.

»Auch mir fehlen manchmal die Worte«, murmelte sie. »Bei Erdbeben, so wie vorhin zum Beispiel.«

So war ihr Charme. Unbeschreiblich, aber ich versuche es. Damit Sie verstehen, was passiert ist. Ich bestreite ja nicht, daß es passiert ist. Ich versuche nur, es zu verstehen und es Ihnen verständlich zu machen. Läuft das Band noch?

Unsere Liebe dauerte zwei Wochen.

Als der Regisseur, der ich nun mal bin, würde ich folgende Momentaufnahmen, ganz kurze Szenen, auswählen, um das zu charakterisieren, was in dieser Zeit passierte.

Ein Mann sieht eine Frau an, lange und genau, und sie bemerkt es nicht. Dann ein erschrockener Blick aus diesen dunkelblauen Augen, wenn Katarina irgendwann meine Blicke spürt. Großaufnahme, ganz ohne Weichzeichner.

Ihre abrupten Abgänge, wenn sie verlegen mit dem Schlüsselbund rasselte, den sie überhaupt nicht benötigt, um meine Wohnung zu verlassen. Kaum die Flucht kaschierte, die diese Abschiede stets waren.

Oder dieses: Als ich eine Woche nach unserer ersten Nacht endlich einmal wieder ihre Wohnung betreten durfte: wie sie hastig ein Buch wegräumt, das auf dem Tisch liegt. Im Bett war sie leidenschaftlich, voller Hingabe an die Lust, ganz außer sich. Ob sie dabei wußte, daß ich es war, der ihr diese Lust verschaffte, weiß ich nicht. Sie hatte die Augen immer geschlossen. Ich glaube, sie hielt Bewußtsein in diesem Zusammenhang für störend. Sie war ohne Angst vor der höchstmöglichen Intimität in diesen Momenten. Aber ich durfte nicht sehen, was sie gerade las. Das war schon zuviel.

Oder ein paar ihrer Sätze. Hartes grobkörniges Foto von ihrem verschlossenen Gesicht, das sie manchmal hat. Schwarz-Weiß, neutraler Hintergrund. Aus dem Off ihre Stimme: Eigentlich kommt das alles viel zu schnell. Laß mir Zeit. Es überwältigt mich. Meine sanfte Stimme, provozierend: Hast du Angst? Ihr Lachen. Du Spinner, bild dir bloß nichts ein.

Gefällt dir meine Haarfarbe nicht? Wie kommst du darauf, daß sie nicht echt ist? Ach so. Das Bild ihrer Hände auf ihrem Schoß, ineinandergeflochtene Finger wie ein schützendes Dach.

Ihr Entsetzen, so tief empfunden, daß ihre klare Stimme heiser wurde; wieder das Schwarz-Weiß-Foto eines herben Frauengesichts. Das glaube ich nicht. Du machst Werbefilme für die pharmazeutische Industrie? Für Tranquilizer und den ganzen Schrott, der Millionen von Menschen ruhigstellt? Menschen, die sich vielleicht mit Fug und Recht – das sagte sie wirklich, sie war manchmal rührend altmodisch – über Dinge aufregen, über die sich eigentlich viel mehr Leute aufregen sollten? Wußtest du nicht, daß die meisten Drogenabhängige ruhiggestellte Frauen mit Dealern in Weiß sind? Wie kannst du nur so leben ... Den Gegenschnitt auf ein Standfoto meines Gesichtes lassen wir weg. Ich beherrschte mich nur mit großer Anstrengung.

Merk dir das, ich heiße Katja. Ich bin nicht Katarina, schon lange nicht mehr. Ein Trotz, der sich nicht verstellt und doch nicht sagt, welche Geschichten hinter diesen Sätzen stehen. Eine schlichte Nachfrage wäre plump und aufdringlich gewesen.

Oder das Frühstück, in dem honigfarbenen Sepiaton alter Fotografien aufgenommen, umrauscht von Vivaldi, dem heiteren Frühlingssatz natürlich. Wir sind nicht die ersten und nicht die letzten Verliebten auf dieser Welt, also kann man auch einen abgenudelten Vivaldi nehmen. Wir albern herum, schmieden Pläne für das Wochenende. Dann plötzlich Stille, in der man nur hört, wie ich die schwarzen verbrannten Stellen meines Toastes mit dem Messer abkratze. Und auf einmal laufen ihr Tränen aus den Augen, lautlos das Ganze, nicht einmal ihr Gesicht, ihr

Mund verzieht sich. Sie sitzt starr da, bewegungslos, und die Tränen ziehen feuchte Spuren auf ihren Wangen.

Natürlich lacht sie irgendwann, sagt was von sentimentaler Kuh, die sie nun mal sei, aber sie verrät nicht, was sie bewegt hat. Von ihrem verstorbenen Mann hat sie noch nie etwas erzählt. Sie hält zurück, und das macht mich wahnsinnig.

Eine Szene dann ganz konventionell, in Farbe, lang ausgespielt, jedes Klischee bedient bis hin zum hoffnungsfroh stimmenden Morgenrot bei chromatisch aufsteigendem Streicherflimmern. Lohengrin-Ouvertüre, meinetwegen.

Es ist meine Überraschung, die Planung unseres ersten Wochenendes. Sie freut sich wie ein Kind, ist aufgeregt, will wissen, wo es hingeht. Hat, praktisch wie sie ist, allerlei Nützliches eingepackt. Listig und logisch, wie sie denkt, engt sie die Möglichkeiten ein. Mag keine Geheimnisse, will wissen, wo wir hinfahren, während wir fahren. Sie drängt, sie schmollt, sie fragt, sie rät, alles beängstigend gleichzeitig und sehr intelligent. Sie kommt fast dahinter, aber da sind wir schon da. Blauer Himmel, die Wellen schwappen gegen den Kai, das Boot meines Freundes liegt weiß-glänzend vor uns. Sie zögert. Verheddert sich mit dem Riemen ihrer Umhängetasche, stolpert. Will das Fallreep nicht betreten, beißt die Zähne zusammen. Sie hat Mut, sie betritt es irgendwann, als ich ihr mit einem aufmunternden Lächeln den Arm reiche. Aber sie zittert. Sagt, daß sie nicht könne. Ich kann einfach nicht. Bitte frag nicht. Das Vibrato dumpfer Krimi-Bässe.

Sie geht an Bord, setzt sich auf das Deck, den Rücken gegen den Mast gelehnt. Zieht die Beine an den Bauch, umschlingt sie, legt den Kopf auf die Knie. Das Großfall schlägt gegen den Mast, ein gleichmäßiges metallisches Klacken, sonst nur Möwengekrächze und Wellenschlag. Ich streichele ihre schönen blonden Haare, ja, sie sind wieder blond, umfasse ihr Gesicht, hebe es zu mir auf.

So offen, so schutzlos hat sie mich noch nie angesehen.

Ich erkläre ihr, daß Segeln mein Leben sei und sie bei mir vollkommen sicher. Sie brauche keine Angst zu haben.

Ich bringe ihr eine ohnmachtssichere Rettungsweste, zeige ihr die Funkausrüstung, erzähle von meinen schönsten Turns. Und dann spiele ich meine Trumpfkarte aus.

»Liebst du mich?« frage ich sie.

Sie schweigt lange, dann nickt sie.

»Mein Mann ist ertrunken. Auf so einem Boot«, sagt Katarina.

Ich war noch nie so glücklich wie an diesem Wochenende. Es gibt wenig Frauen, mit denen man segeln kann. Sie verstehen mich doch, Herr Kommissar, oder?

Und zwischen all diesen Szenen immer wieder die eine: Katarina am Telefon. Entrückt. Und immer wieder der entschuldigende Satz: »Du, ich muß auflegen. Jost kommt gerade! Bis dann, tschüß!«

»Grüße von mir unbekannterweise«, sage ich dann nonchalant, oder, fast abgelenkt beim Aufreißen eines Briefumschlages, irgendwie zerstreut: »Wer war es denn?«

»Gudrun«, sagte sie praktisch jedes Mal. »Ach übrigens, ich treffe sie heute abend. Willst du mitkommen?«

Aber natürlich wollte sie das gar nicht. Und ich wollte es auch nicht. Ich wollte nur Katarina.

Sie hatte den Schlüssel zu meiner Wohnung. Ich mußte bei ihr klingeln.

Sie sehen die Katastrophe nicht? Noch immer nicht?

Es geschah gestern abend.

Ich kam von einer anstrengenden Probe nach Hause – Katarina nannte es immer noch Off-off-off-Theater, aber es war das Wichtigste, was ich gerade machte – und fand sie, aufgelöst, vor meinem Computer.

Sie starrte mich wortlos an. Hielt irgend etwas in der Hand, das ich nicht erkennen konnte. Sie wartete nicht, sie fiel mich direkt an.

»Du hast nur gelogen«, fauchte sie. Ihr Gesicht eine verzerrte Maske des Abscheus. So weit war sie also schon. Das Urteil war gesprochen. »Du hast alle meine Artikel per Internet abgefragt, und das schon vor zwei Monaten. Du wußtest, daß ich Artikel über ostasiatische Kulturen, Esoterik und Astrologie geschrieben habe. Unter anderem. Du warst nicht zufällig in meinem Stammlokal, du hast mir aufgelauert. Und deine Scheißlektüre hast du garantiert maximal zwei Tage vorher gekauft.« Sie sprang auf. Tigerte durch mein Arbeitszimmer.

»Ich habe dir nicht aufgelauert«, erwiderte ich. »Ich schwöre dir, in dieser Kneipe dort habe ich dich zum ersten Mal gesehen, das mußt du mir glauben.« Es war die reine Wahrheit, und Katarina glaubte mir auch, was die Sache um so schlimmer machte. Mein Verteidigungsversuch hatte den Kern ihrer Vorwürfe geradezu bestätigt. Ich Idiot ...

Sie rang um Fassung. Ihre Stimme zitterte trotzdem, obwohl sie leise war. Sehr leise und sehr böse.

»Du hast alles über den Tod meines Mannes abgefragt. Wußtest genau, daß er ertrunken ist. Und daß ich auf demselben Boot war wie er und ihm nicht helfen konnte. Ein Segelboot, wie du sehr genau wußtest. Wolltest mich testen. Ob meine Gefühle für dich stärker sind als meine Angst und meine Schuldgefühle. Du Schwein.« Sie lief wieder im Zimmer herum, blieb an meinem Bücherregal stehen. Griff hinein, zog Bücher heraus und warf sie auf den Boden.

»Hier, hier, und das da«, schrie sie. »Alles Bücher über Astrologie. Du hast nichts als gelogen. Und du weißt, warum!« Sie kam auf mich zu, heftig atmend, die Augen noch tiefer blau als sonst, leicht schimmernd. Sie war so schön in dieser Zornesröte wie sonst nur kurz vor dem Höhepunkt. Ich schließe meine Augen nicht.

»Nichts stimmt, gar nichts. Du bist kein Schütze. Du hast am 22. November Geburtstag und nicht am 23. Hier!« Sie schwenkte meinen Reisepaß in Augenhöhe hin und her. Natürlich hatte sie recht. Aber sollte meine Liebe von vornherein an astrologisch begründeten Vorurteilen scheitern? Das hätte ich doch nicht zulassen können!

Ich versuchte, es ihr zu erklären. Daß ich aus Notwehr gehandelt hätte. Und daß ich sie liebe.

»Notwehr?« Sie lachte, aber diesmal nicht gespeist aus den Quellen ihres unbesiegbaren Humors, sondern zynisch, kraftlos, desillusioniert. »Du hast doch alles nur bestätigt, was ich über den Skorpion gesagt habe. Du bist widerlich. Hast mich benutzt. Du hast überhaupt nicht mich gemeint.« Sie atmete schwer.

Katarina sah das alles so schrecklich falsch. Niemals hatte sie jemand so intensiv, so bedingungslos, so tief wie ich geliebt. Nicht einmal ihr Mann. Ich sagte es ihr.

Sie wandte sich ab und zog ihre Jacke an.

»Wo gehst du hin?« Meine Verzweiflung war nicht zu überhören. Sie war gefaßt und völlig ruhig.

»Zu Gudrun«, sagte sie und lächelte. »Sie hat mir schon seit einiger Zeit gesagt, daß mit dir irgend etwas nicht in Ordnung ist. Und überhaupt« – ihre Hand lag locker und ruhig auf der Türklinke, als sie den tödlichen Stachel tief in mein Herz senkte – »im Bett ist sie auch besser als du.« Sie drehte sich um.

Schützen lügen nicht. Steht in allen Büchern, die ich ihretwegen gekauft hatte. Katarina hatte mich noch nie belogen. Ich konnte es nicht ertragen. Den Verrat unserer Nächte. Unserer ganz besonderen Liebe. Verstehen Sie mich jetzt?

Ach so, es ist Ihnen egal. Totschlag im Affekt, mehr kriegen Sie sowieso nicht hin. Keine Mordverurteilung, kein Lebenslang. Sie glauben, ich will einen Psychiater vom Affektstau und von erheblich verminderter Schuldfähigkeit überzeugen?

Sie haben wirklich keine Ahnung.

Ich habe Katarina getötet. Daran trage ich lebenslang. Ich hatte einfach keine Kontrolle mehr über mich. Das erste Mal im Leben. Ich weiß nicht mehr genau, was ich getan habe. Sie hat sich jedenfalls nicht gewehrt. Wenn ich jetzt meine Hände ansehe, die sich so merkwürdig verkrampfen ... Ich werde Katarina wohl erdrosselt haben.

Geschlagen habe ich sie bestimmt nicht. Niemals. Und ich werde den Blick dabei abgewendet haben. Sehenden Auges hätte ich diese Schönheit, dieses Leben, niemals auslöschen können.

»Wir haben mit dieser Gudrun gesprochen«, sagte der Kommissar und schüttelte eine Zigarette aus der Schachtel. Ganz entspannt jetzt, da ich endlich gestanden hatte und seine Arbeit beendet war. »Da war nichts zwischen ihr und Katja. Niemals. Sie waren beste Freundinnen, sonst nichts.«

Katarina. Sie war Katarina, nicht Katja. Und Schützen lügen nicht. Das weiß doch jeder.

Annette Döbrich

Ganz sanft entschlafen

»Ich sehe da kein Problem.« Der Herr im grauen Flanellanzug lehnte sich zurück und lächelte professionell, während die Rücklehne seines Stuhls sanft nach hinten kippte. Er mußte schnell nach den Armlehnen greifen, um das Gleichgewicht zu halten.

Er hatte vergessen, daß er heute morgen die Wippmechanik des Chefsessels aktiviert hatte. Diese Schräglage benötigte er aufgrund seiner geringen Körpergröße, wenn er zwischen halb acht und acht Uhr abends und morgens beim meditativen Nachdenken die Füße bequem auf den Schreibtisch legen wollte. Und diese halbe Stunde wiederum war wichtig für sein seelisches Gleichgewicht. Er hatte einen langen Arbeitstag.

Auch nach dieser unfreiwillig komischen Einlage blieb die Atmosphäre steif. Sein Gegenüber saß auf der äußersten Kante des Besucherstuhls und starrte, während er sprach, entweder auf seine Schuhspitzen oder nestelte am Strickbund seines weinroten Pullunders herum. Seine Hände waren schweißnaß, und eigentlich hätte er ihm dringend eine Therapie empfehlen und ihn nach Hause schicken müssen. Doch das war nicht seine Aufgabe. Er war für Abschlüsse zuständig, für möglichst viele Abschlüsse. So bemühte er sich erst einmal, dem Gespräch den Anstrich des Normalen zu geben.

»Kaffee?« Ohne eine Antwort abzuwarten, zog er die

Manschetten unter seinem Jackett wieder ordentlich nach unten, betätigte den Knopf der Gegensprechanlage auf dem Schreibtisch und gab die Anweisung an Frau Schleier im Vorzimmer weiter.

»Milch und Zucker, Herr Dr. Kunz?« lautete die Rückfrage. Die Stimme klang trotz der schlechten Wiedergabe dunkel und erotisch.

Dr. Kunz suchte Blickkontakt zu seinem Gegenüber, und als dieser zwischen Kinn und Kehlkopf kurz zuckte und würgte, erwiderte er: »Ja bitte«, und schaltete die Anlage aus. »Das soll ja unter uns bleiben, was wir hier zu besprechen haben.« Sein Tonfall wurde vertraulich. Das Zucken wiederholte sich.

»Wie gesagt, kein Problem, auch wenn Sie schon einmal bei uns ...«

»Zweimal«, unterbrach ihn sein Gegenüber, »ich war damals bei Ihrem Kollegen, Herrn Gerlach.«

»... auch wenn Sie schon zweimal die Dienstleistung unseres Institutes in Anspruch genommen haben. In diesem Fall können wir Ihnen als altem Kunden zwanzig Prozent Nachlaß auf die Aufnahmegebühr gewähren.«

»Danke«, sagte sein Gegenüber. Er war noch immer befangen. Dr. Kunz betrachtete ihn einen Moment. Mit diesem Mann hatte er absolut nichts gemeinsam, außer vielleicht, oberflächlich betrachtet, den zierlichen Körperbau. Betont leise sagte er: »Darf ich fragen, woran unsere letzten Vermittlungen gescheitert sind? Entsprachen die Damen nicht Ihren Wünschen?«

»Doch, von meiner Seite war alles in Ordnung.«

»Aber?«

»Sie sind verschwunden.«

»Sie sind wieder nach Hause zurückgekehrt?«

»Nein, sie sind beide spurlos verschwunden. Die eine – das war vor drei Jahren – hat auch noch meine Brieftasche mitgenommen. Sie stammte aus Polen. Ich habe nichts mehr von ihr gehört. Zum Glück. Sie war unzuverlässig, verlogen und gemein. Wahrscheinlich ist mir da einiges erspart geblieben.«

Er war laut geworden. Dr. Kunz sah ihn erstaunt an. Offensichtlich legten sich seine Hemmungen mit zunehmender Erregung.

»Sie wird sich schon irgendwie durchgeschlagen haben. Unkraut vergeht nicht«, ergänzte er etwas leiser und sah wieder auf seine Schuhspitzen.

»Hoffentlich. Und die andere Dame, war sie auch eine Polin?«

»Nein, die kam aus Petersburg. Natascha hieß sie. Ich habe sie drei Monate durchgefüttert, von Kopf bis Fuß neu eingekleidet, ihr einen Ring gekauft, ihn zusammen mit einem Strauß roter Rosen überreicht und ihr einen Heiratsantrag gemacht. Ganz wie sich das gehört. Mit einem kleinen Abendessen in dem philippinischen Restaurant im Erdgeschoß des Hauses, in dem ich wohne. Ich war damals mit den Inhabern gut bekannt und bekam immer einen Freundschaftspreis.« Er stockte und rutschte auf dem Besucherstuhl herum. »Zur Zeit ist unser Verhältnis abgekühlt. Jedenfalls, am nächsten Morgen war sie auch verschwunden.«

»Mit der Brieftasche?«

»Nein, ich bin ja nicht blöd. Auf die passe ich seither auf.« Er öffnete blitzschnell einige Knöpfe seines Oberhemdes, schob die Krawatte zur Seite und gab den Blick auf einen grünen Brustbeutel frei, der auf einem unbehaarten, knochigen Brustkorb baumelte.

»Eine traurige Geschichte.« Dr. Kunz sah etwas gelangweilt zur Seite.

»Das hat die Polizei damals auch gesagt.«

»Sie haben die Dame als vermißt gemeldet?«

Für einen kurzen Moment riskierte der Kunde einen Blick auf seinen Gesprächspartner. Leider zu kurz für Dr. Kunz, der nicht mehr rechtzeitig von seinem Alltagsgesicht auf sein einstudiertes, verständnisvolles Lächeln umschalten konnte.

»Nein, ich wollte sie ja gar nicht wiedersehen. Ich war fertig mit ihr. Das hatte eine Bekannte von ihr veranlaßt, nachdem sie auch nicht über ihre Familie erreichbar war. Die Polizei konnte da nicht weiterhelfen. Natascha hatte nur ein Visum für drei Monate, und wenn sie noch im Westen ist, was ich vermute, dann ist sie illegal hier. Irgendwann wird sie in irgendeiner Nachtbar in Europa wieder auftauchen, meinten die Beamten. Und wenn sie verschleppt wurde, würde sie sicher bei der nächsten Gelegenheit Verbindung mit mir aufnehmen. Aber meine Tür ist zu. Ich bin fertig mit dem Luder.«

Der letzte Satz klang ungewöhnlich hart. »Im übrigen«, sagte er nach einer kurzen Pause, »glaube ich nicht an die Verschleppungstheorie. Sie wird mit Hilfe der

Wirtin von unten aus dem Restaurant abgehauen sein. Diese philippinische Hexe hat ja sofort mit beiden Frauen gemeinsame Sache gemacht. Die hat da ihre Finger mit drin, hundertprozentig. Ich kann das nur leider nicht beweisen.«

»Gekränkte Eitelkeit«, »Verfolgungswahn«, schoß es Dr. Kunz durch den Kopf; dann befand er aber, daß es für solche Diagnosen zu früh sei. »Wie lange ist das her?« fragte er.

»Ein Jahr.«

»Das ist noch nicht sehr lange. Trotzdem ist es schön, daß Sie es noch einmal versuchen wollen.«

Es klopfte, Dr. Kunz rief: »Herein!«, und Frau Schleier trat an den Schreibtisch und stellte ein Tablett mit Kaffee und einer kleinen Schale *Mon Chèri* ab. Für mich, dachte Dr. Kunz, und wertete dies als Ermutigung. Frau Schleiers Äußeres hielt, was ihre Stimme versprach. Dr. Kunz versuchte ihr in die grünen Augen zu blicken, aber sie wich wie immer seinem Blick aus. »Die Augen sind der Spiegel der Seele«, war einer seiner häufig wiederholten Sprüche, doch Frau Schleier drehte ihm sofort den Rücken zu und gab ihm keine Gelegenheit zu tieferen Erkenntnissen. Schon seit einiger Zeit verhielt sie sich irgendwie komisch. Wenn sie ihn nicht um gut dreißig Zentimeter überragt hätte, wäre sie seine Traumpartnerin gewesen. Schön, gepflegt, verständnisvoll, klug, aber nicht klüger als er, rundum ideal eben bis auf die verfluchten dreißig Zentimeter. Dr. Kunz genoß ihren unvergleichlichen Hüftschwung und wartete, bis sie die Tür hinter sich geschlossen hatte.

»Dann wollen wir mal«, sagte er und holte aus einer Ablageschale ein Formular.

»Diese Angaben haben Sie schon von mir«, erwiderte sein Gegenüber, nahm vorsichtig einen Schluck Kaffee und sah dabei Dr. Kunz zum ersten Mal in die Augen. Blauäugig also, registrierte der, und beeilte sich zu sagen: »Der Fragebogen ist bei uns Bestandteil des Vertrags, deswegen brauchen wir bei jeder Vermittlung einen neuen. Vielleicht haben sich ja auch Ihre Vorstellungen geändert, was die Dame Ihres Herzens betrifft.« Er zwinkerte seinem Gegenüber verschwörerisch zu.

Der Besucher antwortete wieder mit dem Zucken des Kehlkopfs, und Dr. Kunz überlegte, ob es anatomisch überhaupt möglich war, mit dem Kehlkopf zu zucken, oder ob es vielleicht doch mehr das Kinn ... Da senkte der Mann schon wieder den Blick. Er hatte ihn zu lange angesehen. Jetzt wird er einsilbig, befürchtete Dr. Kunz und bemühte sich, dem ganzen Vorgang etwas Geschäftliches zu geben. »Ihren vollständigen Namen, bitte?«

»Friedrich Julius Alexander Müller. Rufname Friedrich.«

»Geboren?«

»Am 30. 8. 1959.«

»Also eine Jungfrau«, sagte Dr. Kunz und bemerkte plötzlich, daß der Mann mit den hehren Vornamen die Füße exakt nebeneinander auf den Teppich plaziert hatte. »Ich verstehe, daß Sie nun gern eine Familie gründen wollen.«

»Eben. Ich weiß ja, daß Ihr Institut großen Wert auf die

Kongruenz oder doch zumindest auf Kompatibilität der Anlagen legt. Deshalb bin ich hier.«

Dr. Kunz lächelte. »Das unterscheidet uns von der Konkurrenz. Ihr Beruf?«

»Versicherungsmathematiker. Bei der *Volks-Leben* in ungekündigter Stellung. Außerdem: Größe 1,65, Gewicht 63,4 Kilo, Haare blau, Augen braun, – nein, bitte umgekehrt.« Er lachte verlegen. »Ich bin doch etwas nervös – Schuhgröße 42, Hobbys ... habe ich keine.« Er blickte mürrisch auf den weinroten Strickbund.

»Was machen Sie denn in Ihrer Freizeit?«

»Ich gebe Nachhilfe in Mathematik, seit siebzehn Jahren, an den Innenstadtgymnasien. Übrigens mit großem Erfolg. Ein ertragreiches und befriedigendes Zubrot. Die Kinder werden immer dümmer, und die Eltern zahlen immer bereitwilliger. Ich habe eine Durchfallquote von nur 0,2 Prozent. So finanziere ich meine Extras, Sie zum Beispiel. Bei der *Volks-Leben* verdient man nicht die Welt.«

Dr. Kunz überschlug im Geiste, wie vielen Schülern er schon beigestanden haben mußte, und kam auf mindestens fünfhundert. Er fragte aber nicht weiter nach, Mathematik gehörte nicht zu seinen starken Seiten. »Wie möchten Sie zahlen? In einem bis vier Beträgen über das Jahr verteilt, in monatlichen Raten, oder mit Bankeinzug nach Fälligkeit?«

»Ich zahle bar nach Fälligkeit, so wie immer. Ich bleibe niemandem etwas schuldig. Erst die Leistung, dann der Lohn.«

Dr. Kunz bemühte sich um ein kundenfreundliches Lächeln. »Natürlich. Kommen wir zum Wichtigsten. Welche Wünsche und Erwartungen haben Sie an Ihre Zukünftige?«

»Nur drei. Sie sollte zwanzig Jahre jünger sein als ich, Asiatin und zwischen dem 24. Oktober und 22. November geboren.«

»Ein Skorpion? Sind Sie sich da sicher?«

»Ganz sicher. Ich weiß schon, was Sie denken, und bei einer deutschen Frau hätten Sie wahrscheinlich recht. Auch bei einer Polin oder Russin. Alles Schlampen oder Emanzen.«

»Na, na, na ...« Grinsend schüttelte Dr. Kunz in gespielter Mißbilligung dieser politisch unkorrekten Bemerkung den Kopf.

»Ich weiß, was ich sage. Es gibt aber auch sanfte Skorpione. Man muß sie nur entsprechend prägen. Und eine sanfte Skorpionin, das wäre meine Traumfrau. Deshalb ein Mädchen aus einem anderen Kulturkreis, jung und unverdorben. Negative Anlagen kann man positiv umpolen. Das Vorzeichen ändern, sozusagen. Skorpione sind leidenschaftlich und schwer zu zähmen. Aber wenn man sie richtig erzieht und ihnen bedingungslosen Gehorsam beibringt, dann dienen sie ihrem Gatten ohne Kompromisse. Wetten, meine Rechnung geht auf?«

»Ich weiß nicht ...« Dr. Kunz wurde etwas ungemütlich in seiner Haut.

»Ich kann selbstverständlich den Beweis für meine These erbringen. Es gab schon einmal eine Skorpionfrau, die unglaublich liebevoll und sanft war, dank der starken

Hand eines Mannes, und die ihr ganzes Sein ihrer Familie geopfert hat.«

»Ihre Mutter?« Er zögerte keinen Augenblick.

Müller schaute ihn verwundert an. »Richtig. Wie kommen Sie darauf?«

Dr. Kunz lächelte freundlich. »Sie hatten gerade so viel Sehnsucht in der Stimme. So spricht ein Mann nur von seiner Mutter. Ich gehe davon aus, daß sie bereits verstorben ist.«

»Sie war der beste Mensch auf dieser Erde.«

Dr. Kunz nickte. »Vielleicht«, meinte er und goß sich den letzten Schluck Kaffee aus der Thermoskanne ein, nachdem Friedrich Müller noch einmal mit einem eigenwilligen, doppelten Zucken verneint hatte, »vielleicht können wir Ihnen schon recht bald weiterhelfen.« Er sah ihm in die blauen Augen, um seinen Worten das nötige Gewicht zu geben. »Unter welcher Nummer sind Sie tagsüber zu erreichen?«

»7-14-21-28, ganz leicht zu merken, einmal sieben, zweimal sieben, dreimal sieben, viermal sieben.«

Dr. Kunz setzte zum zweiten Mal an diesem Vormittag sein Kundenlächeln auf und schrieb die Begriffe »Allmachtsphantasien« und »Mutterfixierung« neben die Zahlenreihe. Dann brachte er Friedrich Julius Alexander Müller zur Tür.

»Job ist Job und Schnaps ist Schnaps«, dachte Dr. Kunz, als er gegen 21 Uhr, nach zwanzig weiteren Klienten und ohne Mittagspause noch immer an seinem Schreibtisch saß und darüber nachdachte, womit er dieses Schicksal verdient hatte. Heute war er sogar zu seiner Manager-Meditation zu müde. Er knabberte zur Entspannung ersatzweise eine Weile an einem Bleistift und sah aus dem Fenster. Genaugenommen hatte er nichts verbrochen. Jedenfalls nichts Außergewöhnliches. Sein Lebenslauf war absolut durchschnittlich für seinen Berufsstand. Vierzehn Semester Psychologiestudium; Diplom mit 1,4; fünf Jahre Assistenz bei einer Hamburger Koryphäe; Promotion mit magna cum laude; zwei weitere Jahre Berufserfahrung in Los Angeles. Dann kamen vier Jahre als Taxifahrer in Frankfurt, und erst nach einem weiteren Jahr des Stempelns und Suchens wagte er den Schritt in die Selbständigkeit – gemeinsam mit seinem Freund Ulrich Gerlach, der kurz zuvor im Eheinstitut der »Gräfin von und zu Waldenfels« gründlich über den Tisch gezogen worden war. Plötzlich hatten sie beide eine Marktlücke gesehen: ein seriöses Vermittlungsinstitut. Ulrich hatte die kaufmännische, er die psychologische Leitung, und Iris Schleier, die über eine Geschäftsanzeige zu ihnen stieß und den Löwenanteil des Gründungskapitals einbrachte, betreute neben den administrativen Aufgaben auch die »Von Frau zu Frau spricht es sich leichter«-Klientel. Sie hatte das zwar nicht gelernt (Ulrich übrigens auch nicht), aber sie verfügte über eine ordentliche Portion weiblicher Intuition. Kein Wunder, daß Dr. Kunz nun der Meinung war, auch für ihn komme langsam die Zeit zum Geldverdienen und zur Familiengründung. Das Institut lief schließlich gut. Nicht nur, weil auf dem Firmenschild unter dem *Internationale*

Partnervermittlung – diskret, seriös und ohne Risiko »Diplompsychologe Dr. Richard Kunz & Co« stand – auch ihr Konzept überzeugte. Alle bekamen alles, und keiner riskierte etwas. Wo gab es das sonst noch?

Das einzig Ärgerliche war die schlechte Zahlungsmoral der Klienten. Und in diesem Jahr balancierten sie finanziell wieder einmal am Abgrund, wie sein Freund Ulrich zu sagen pflegte. Da sein Freund ihm nicht nur ein BWL-Studium, sondern auch fünfzig Zentimeter Körpergröße und den schwarzen Gürtel voraus hatte, glaubte Dr. Kunz ihm notgedrungen. Im Grunde war es reine Überlebensstrategie, daß er sich einredete: Auf Ulrich Gerlach ist Verlaß. Jedenfalls in finanziellen Angelegenheiten. Was dessen Herumscharwenzeln um Iris Schleier betraf, siegte eher sein gesundes Mißtrauen. Und ganz war dieses Mißtrauen auch bei den Finanzen nicht auszuschalten. Zwar hatte Ulrich behauptet, das Geld für seinen neuen Porsche habe er von einer Tante aus Potsdam als Vorschuß aufs Erbe bekommen, doch die Geschichte nahm Dr. Kunz ihm nicht ab. Erbtanten lebten in den USA und nicht in den neuen Bundesländern. Doch das ließ er Ulrich nicht wissen, und auch nicht, daß ein Klient, von Beruf Wirtschaftsprüfer, ihn nach erfolgreichem Abschluß als Dank in die Geheimnisse der doppelten Buchführung einweihen wollte.

Manchmal, so schien es Dr. Kunz, gab es Zufälle, die beinahe schon an eine Fügung glauben ließen. Zum Beispiel heute morgen: Da war eine junge Philippinin von ihrem Traummann nicht akzeptiert worden, weil sie in dem vorangegangenen Briefwechsel ihren Klumpfuß unerwähnt gelassen hatte, und am selben Tag erschien ein Klient mit dem Wunsch nach einer kindlichen Asiatin im Sternzeichen Skorpion in seinem Büro. Er überprüfte auf dem Touristenvisum den Geburtstag der Philippinin und kam zu dem Schluß, daß dies kein Zufall sein konnte. Er griff noch einmal zum Telefonhörer.

»Wo ist die Kleine?« fragte er seinen Kompagnon, der schon Feierabend gemacht hatte und sich zu Hause aufhielt.

»Im Bundesbahnhotel, etwas anderes war nicht mehr frei. Und ich hoffe sehr, daß sie da nicht lange bleibt. Das kostet 180 Mark die Nacht. Zudem ist es gar nicht gut, wenn sie sich erst einmal an den Luxus hier gewöhnt. Ich frage jeden Tag am Flughafen nach, ob ein Platz nach Manila zu bekommen ist.«

»Weiß sie, daß sie zurück muß?«

»Natürlich, sie war ja dabei, als ihr Bräutigam fluchtartig den Flughafen verlassen hat. Sie war die ganze Zeit nur noch am Flennen. Wahrscheinlich wird man es ihr anlasten, wenn sie nach knapp einer Woche wieder bei ihrer Familie auftaucht. Die brauchen ihre finanzielle Unterstützung.«

»Und wer zahlt den Rückflug?« Dr. Kunz mußte sich konzentrieren, denn er meinte, im Hintergrund eine bekannte Stimme zu hören.

»Das wird sicher an uns hängenbleiben, der Bräutigam fühlt sich betrogen, und sie hat kein Geld. Ich bin schon zufrieden, wenn er die letzte Rate der Vermittlungsgebühr zahlt. Das muß er zwar, auch wenn keine Ehe zustande gekommen ist, aber wenn wir klagen müssen, wird das langwierig und teuer. Außerdem ist da ja noch die Rückgabegarantie von drei Monaten. Falls die Chemie nicht stimmt.«

Die Stimme war nicht einwandfrei zu erkennen. »Können wir uns nicht an unserem Agenten vor Ort schadlos halten? Der wußte doch, daß sie gehbehindert ist. Er hat sie doch gesehen.«

»Dem habe ich schon eine böse Mail geschrieben. Er behauptet natürlich, er wußte nicht, daß das Mädchen diese Tatsache vor ihrem Bräutigam verschwiegen hat. Eine beschissene Situation.«

»Bist du allein?«

»Natürlich.«

»Da spricht doch jemand im Hintergrund.« Dr. Kunz schluckte. »Ist die Frau Schleier bei dir?«

»Quatsch, ich habe den Fernseher an. Außerdem, selbst wenn ...«

»Schon gut.« Am liebsten hätte Dr. Kunz sich in den Hintern gebissen. Noch blöder hätte er sich tatsächlich nicht anstellen können. Statt daß er der Sache wirklich einmal richtig auf den Grund ging. Doch da verhielt er sich genau wie bei den finanziellen Angelegenheiten. Er schaffte es nie, Ulrich dazu zu bringen, die Karten auf den Tisch zu legen. In den düstersten Farben malte Ulrich ihm immer ihre wirtschaftliche Lage aus, und er konnte dem nichts entgegensetzen als seinen vollen Terminkalender, im Schnitt dreißig Vermittlungen im Monat. Das konnten doch nicht alles säumige Zahler sein.

Dr. Kunz räusperte sich. »Ulrich, ich hätte da jemanden, der möchte eine Asiatin.«

»Wunderbar. Vielleicht legt er ja mehr Wert auf Herzensbildung. Er ist doch hoffentlich kein Leistungssportler, der jeden Morgen mit ihr durch den Stadtpark joggen will.«

»Davon hat er nichts gesagt. Und seine Bedingungen erfüllt sie auch.«

»Und wo ist der Haken?«

»Ich habe ein ungutes Gefühl. Wir sollten sie nach Hause schicken.«

»Das können wir uns nicht leisten. Oder soll ich dich an unsere letzten Zahlen erinnern? Also bitte, leg ihm gleich morgen früh die Mappe vor. Das ist wirklich für alle das Beste.«

Dr. Kunz war ganz hingerissen von der kleinen Inmaculada Diz, die ihm am nächsten Morgen am Frühstückstisch des Bundesbahnhotels gegenübersaß. Sie war zehn Zentimeter kleiner als er, hatte einen unglaublich zarten Körperbau und war so schüchtern, daß sie nicht wagte, sich selbst am Büfett zu bedienen. Dr. Kunz versuchte, nach bestem Wissen zu erraten, was ihr wohl schmecken würde. Er sprach kein Spanisch, und ihr Englisch war spärlich. Sie erzählte immer wieder etwas von »instalment« und »by instalments«. Da aber die Mädchen beim Institut keine Ratenzahlungsverpflichtungen eingehen mußten, sondern im Gegenteil die Familien für die entgangene Arbeitskraft entschädigt wurden, konnte er sich darauf keinen Reim machen. Doch die Verständigung war ihnen so weit möglich, daß er am Ende des Gespräches ganz sicher war, Inmaculada wollte um jeden Preis bleiben. Für sie war im Augenblick alles besser als eine Rückkehr nach Manila.

Am späten Nachmittag desselben Tages legte er Friedrich Müller ihre Mappe vor.

»Sie ist es«, sagte der nach einem spontanen Zucken.

»Sie ist gehbehindert«, erwiderte Dr. Kunz. Sein ungutes Gefühl war bei dem Frühstück mit Inmaculada Diz schlimmer geworden.

»Wenn mir nach einer Tänzerin wäre, hätte ich beim Bolschoi-Ballett nachgefragt«, sagte sein Gegenüber knapp.

Arschloch, dachte Dr. Kunz und fuhr fort: »Außerdem spricht sie kein Deutsch. Englisch gehen ein paar Sätze, nur mündlich. Schreiben und lesen kann sie auch in ihrer Muttersprache nicht.«

»Was sie braucht, lernt sie von mir.«

»Sie ist sehr jung.«

»Um so besser. Dann lernt sie leichter.«

Dr. Kunz gab auf. Er ließ Inmaculada Diz aus dem Nebenzimmer kommen, machte sie beide miteinander bekannt und sah wortlos zu, wie Friedrich Müller die junge Frau bei der Hand nahm und hastig aus dem Zimmer zog.

»Ich werde sie besuchen«, rief er den beiden noch nach, aber Inmaculada Diz hatte es wohl nicht verstanden, und Friedrich Müller wollte ihn nicht hören.

»Herr Müller hat seine Rechnung noch nicht beglichen«, sagte Frau Schleier sieben Wochen später. Am Ende des Satzes ging sie mit der Stimme etwas höher und ließ das »beglichen« besonders weich ausschwingen. Es klang, als hätte sie gesagt: »Möchten Sie heute einen zauberhaften Abend mit mir verbringen?« Jedenfalls kam es Dr. Kunz so vor. Warum konnte sie nicht ungefähr so groß wie Inmaculada sein, dachte er und starrte schweigend auf ihre langen Beine.

»Ich meine, soll ich mahnen?« Frau Schleier zog den kurzen Rock etwas nach unten und schüttelte ihre lange blonde Mähne. »Hat er nicht etwas in der Art gesagt: Erst Leistung, dann Lohn? Die Leistung haben wir erbracht.«

»Sie haben mitgehört?« Dr. Kunz' Blick wanderte von den Beinen nach oben.

»Unfreiwillig. Die Gegensprechanlage ist defekt. Mal hört man was, mal nicht.« Frau Schleier lächelte ihm halb entschuldigend zu.

»Wie wäre es denn mit dem Kundendienst?«

»Kein Geld.«

»Gut, ich fahre heute in der Mittagspause einmal unangemeldet bei Müller vorbei.«

»Um eine Rechnung zu kassieren?«

Wenn Frau Schleier vor Erstaunen den Mund offenstehen ließ, sah sie nicht mehr ganz so vorteilhaft aus.

»Unsinn. Ich will nur wissen, wie es der Kleinen geht, das habe ich ihr versprochen.«

»Das Fahren können Sie sich sparen, da gibt es keine Parkplätze.«

»Kennen Sie die Wohnung von Herrn Müller?« Dr. Kunz schaute Frau Schleier überrascht an. Laut Statuten war den Mitarbeitern der private Kontakt mit Klienten verboten.

»Quatsch, ich kenne das Lokal, es hat die beste asiatische Küche in der ganzen Stadt.«

»Ach so«, murmelte Dr. Kunz, während Frau Schleier etwas betreten den Raum verließ. Dann entschloß er sich doch, seinen Besuch anstandshalber anzukündigen. Die Nummer der Versicherung hatte er noch im Kopf. Einmal sieben, zweimal sieben und so weiter. Müller war sofort am Apparat.

»Angst um Ihre Knete?« lachte der. »Ich weiß schon, die Mäuse sind nicht einklagbar. Aber keine Sorge, Sie bekommen Ihr Geld. Nach Ablauf der Zwölfwochenfrist, wenn ich ganz sicher sein kann, daß sie bleibt. Daß ich nicht im voraus zahle, das werden Sie sicher verstehen, bei meinen Erfahrungen. Im übrigen würden Sie Frieda gar nicht antreffen. Sie ist zur Zeit bei meiner Schwester auf dem Land zur Erholung.«

»Wer ist Frieda?«

»Ich habe sie Frieda genannt. Inmaculada ist einfach zu lang. Außerdem hilft es ihr, sich mit unserem Land zu identifizieren.«

»Hat Ihre Mutter Frieda geheißen?« Dr. Kunz brüllte fast. Dann fuhr er leiser fort. »Sie haben sie nach Ihrer Mutter genannt?«

»Ja, ist das verboten?«

»Natürlich nicht, und nur zu Ihrer Information, selbstverständlich ist die Rechnung einklagbar. Unser Gewerbe ist doch nicht unehrenhaft.«

»Guter Witz.« Müller lachte und legte auf.

Dr. Kunz starrte noch einige Zeit auf den Hörer in seiner Hand, dann ließ er ihn auf die Gabel fallen. Sicher, überlegte er, was die Kunden mit den vermittelten Frauen machten, wußten sie nicht. »Haben wir eigentlich noch die Unterlagen der ersten beiden Vermittlungen für Friedrich Müller?« sagte er laut. Die Gegensprechanlage war wieder einmal eingeschaltet. Kunz konnte hören, wie im Vorzimmer Kaffeetassen klirrten.

»Das war bei Ulrich, stimmt's?« Frau Schleiers dunkle Stimme klang etwas entfernt.

Aha, dachte Dr. Kunz, sie sind also bereits beim Vornamen. »Bei mir war er nicht«, brummte er.

»Kommt sofort«, sagte die Stimme, der Dr. Kunz alles verziehen hätte, ein wenig beleidigt. Und tatsächlich lagen die beiden Hängeregister wenige Minuten später auf seinem Tisch, daneben stand eine Tasse mit heißem Kaffee. Sein Verdacht bestätigte sich. Beide Frauen waren im Sternzeichen des Skorpions geboren.

Bis zu seinem nächsten Kundengespräch um 16 Uhr wollte er sich wenigstens das Haus von außen etwas genauer ansehen. Natürlich gehörte das nicht zu seinen Aufgaben. Aber die Geschichte mit Frau Schleier, die blöde Bemerkung von Müller und sein ungutes Gefühl sagten ihm, daß da irgend etwas war, was auch ihn betraf.

Vielleicht kam Inmaculada ja fröhlich lachend mit einem Einkaufskorb zur Tür heraus. Schließlich gab es nichts Konkretes, was man gegen Müller vorbringen konnte, von einigen Geschmacklosigkeiten abgesehen. Im Gegenteil, er hatte ihnen aus einer Verlegenheit geholfen. Trotzdem, er würde nachts besser schlafen können, wenn er mit Fräulein Diz gesprochen hatte. Dr. Kunz sagte kurz Bescheid und verließ das Büro. Es war halb eins, und er beschloß, diese Unternehmung mit einem Besuch in dem philippinischen Restaurant zu beginnen. Ein paar Außenwahrnehmungen wären jetzt nicht schlecht. Schließlich kannten die Wirtsleute Müller ganz gut. Er hätte natürlich Frau Schleier dazu einladen können, vielleicht wartete sie auf so etwas. Vielleicht hätte er durch eine geschickte Gesprächsführung herausbekommen können, wie weit sein Freund Ulrich inzwischen bei ihr gekommen war. Doch die Gelegenheit hatte er verpaßt. Wie er sich selbst eingestehen mußte, war er in solchen Dingen einfach ein Idiot.

Frau Estrada, die die wenigen Mittagsgäste allein bediente, war sehr bemüht, es allen recht zu machen. Sie sprach fließend deutsch, war flink, umsichtig und immer schon zur Stelle, kurz bevor man sie brauchte. Die Estradas waren vor allem wegen ihrer exotischen Fischgerichte bekannt. Maria Estrada führte ihren Gast sogar in die Küche, um ihm die Spezialitäten dieses Tages zu zeigen. Dennoch entschied sich Dr. Kunz für ein vegetarisches Gericht. Gemüse, Tofu und Reis. Sein Magen war nicht ganz in Ordnung. Die Kehle brannte ihm trotzdem danach, und die zwei Flaschen Mineralwasser, die Frau Estrada brachte, waren ihm eigentlich immer noch zu wenig. Beim Dessert, einer

Kreation aus Kokos und Ananas, bat er sie dann, sich doch einen Moment zu ihm zu setzen, und fragte sie nach dem Wohlergehen ihrer Landsfrau im dritten Stock.

»Endlich kümmert sich jemand.« Frau Estrada atmete erleichtert auf. »Bisher haben nur ein Mann und eine langbeinige Blondine nach ihr gefragt.«

»Nach Frau Diz?«

»Indirekt. Sie waren mehr mit Müller verabredet. Sind Sie von der Polizei?«

»Nein. Ist denn etwas passiert?«

»Sind Sie ein Freund von Inmaculada?«

»Ja, und ich fühle mich etwas verantwortlich. Sie ist durch mich nach Deutschland gekommen.«

Frau Estrada sah ihn scharf an. »Aha. Sie sind das. Sie hat von Ihnen erzählt. Sie haben sie auch im Stich gelassen.«

»Moment, sie hat sich völlig freiwillig für Herrn Müller entschieden.«

Frau Estrada sah ihn an, als sei er nicht ganz zurechnungsfähig. »Ich habe das Mädchen seit zwei Tagen nicht mehr gesehen.«

»Und sonst sehen Sie sie häufiger?«

»Täglich. Sie kommt täglich zu mir, hilft etwas in der Küche, und wir reden miteinander. Sonst wird sie ja krank vor Einsamkeit.«

»Herr Müller sagte, sie wäre zur Erholung aufs Land gereist.«

»Herr Müller, Herr Müller. Erstens wüßte ich das, Inma hätte mir das sicher erzählt, und zweitens hätte der Müller sie nie allein verreisen lassen. Er hat viel zu viel Angst, daß sie ihm davonläuft, wie seine früheren Frauen. Sie darf ja nicht einmal zu mir runterkommen. Er hat sie eingesperrt da oben, wenn er zur Arbeit geht, wie eine Gefangene, und hat ihr alles genommen, ihre Kleider, ihre Schuhe, ihren Vornamen. Den Vorgängerinnen übrigens auch. Frieda eins, Frieda zwei und Frieda drei. Alle hießen Frieda. Er hat so einen Astrologie-Tick und redet immer von der Umerziehung bei Skorpionen. So ein Unsinn. Ich bin auch Skorpion, glauben Sie mir, das ist doch alles Aberglaube. Europäischer Aberglaube, der ist um keinen Grad besser als das, womit wir uns in unserer Heimat das Leben schwermachen. Aufgeklärtes Deutschland, daß ich nicht lache.«

»Weiß er, daß Sie Skorpion sind?«

Frau Estrada schüttelte energisch den Kopf. »Und ich werde mich hüten, es ihm zu sagen. Am Ende will er mich auch noch umerziehen.«

»Und wie kam das Mädchen dann zu Ihnen?«

»Ich habe sie geholt.« In diesem Moment wurde Frau Estrada an einen anderen Tisch gerufen. »Wenn Sie einen Moment warten«, sagte sie im Aufstehen, »rufe ich meinen Mann ins Lokal und gehe mit Ihnen nach oben. Ich habe einen Schlüssel für Notfälle, aber allein traue ich mich nicht hoch. Wer weiß, vielleicht ist er gar nicht in der Versicherung und steht dort hinter der Tür, oder er treibt perverses Zeug mit ihr.«

»Tut er das?«

»Weiß nicht.« Sie zuckte mit den Achseln.

»Heute arbeitet er jedenfalls, ich habe vor zwei Stunden mit ihm telefoniert«, beruhigte sie Kunz. »Wir können das riskieren.«

Wenig später standen sie in der Wohnung. Ein fauliger Geruch schlug ihnen entgegen. Frau Estrada ging zielstrebig in die Küche und holte einen überfüllten Abfalleimer aus dem Schrank unter der Spüle. »Fischgekröse«, sagte sie. »Das stinkt furchtbar, wenn man es länger stehen läßt. Das steht mindestens schon eine Woche. Sie kriegt den Fisch und andere Lebensmittel immer kostenlos von mir, für ihre Mithilfe. Das Haushaltsgeld spart sie dann für sich.« Mit einem lauten Knall stellte sie den Eimer ins Treppenhaus. »Soll er ruhig merken, daß wir in der Wohnung waren, aber so etwas kann ich nicht sehen. Wir haben dafür im Hof eine Plastiktonne, die wöchentlich von einer Spezialfirma geleert wird.«

Sie deutete aus dem Flurfenster auf ein blaues Faß mit gut sechzig Zentimeter Durchmesser bei über einem Meter Höhe.

»Nur für Fisch?« Dr. Kunz schaute zum Fenster hinaus.

Sie nickte.

»Was macht man damit?«

»Ich glaube Tierfutter.«

Daraufhin drückte Frau Estrada ihm den Wohnungsschlüssel in die Hand, packte den Eimer, murmelte etwas von Arbeit in der Küche und huschte die Treppe hinunter. Er hörte noch, wie im Erdgeschoß die Hintertür des Lokals ins Schloß fiel, dann war alles um ihn herum merkwürdig still. Mitten im Zentrum der Stadt eine eigenartige

Grabesruhe, ja das war das Wort, das ihm als erstes einfiel. Er überlegte, ob es gut wäre, die Schuhe auszuziehen, verzichtete aber darauf. Falls er wirklich nicht allein wäre, war es besser, man würde ihn aufgrund der knarzenden Dielen rechtzeitig hören. Schließlich könnte er ja wirklich in eine intime Situation hineinplatzen. Während er sich vorsichtig orientierte, redete er sich ein, daß das, was er tat, kein Hausfriedensbruch war, sondern etwas mit seiner Sorgfaltspflicht als Psychologe zu tun hatte.

Dr. Kunz hielt die Luft an und konnte hören, wie sein Herz schlug. Er kam sich ein bißchen wie ein Privatdetektiv in einer Fernsehserie vor, nur ohne den dazugehörigen Mut. Heldentaten waren nicht seine Sache. Eine eigenartige Düsternis hing zwischen den Wänden dieser Wohnung. Vorsichtig betrat er den ersten Raum. Dort stand ein Bettgestell aus Eisen mit einer dreiteiligen Matratze und einer grauen Wolldecke, zwei Stühle, ein grau lackierter Schrank und ein runder Holztisch mit drei Beinen. Als Unterlage für den Kopf diente ein mehrfach zusammengelegter Norwegerpullover. Von der Decke hing an einem schwarzen Kabel eine Glühbirne. Sie brannte, als er den Schalter neben der Tür zweimal nach rechts drehte. Das war sicher sehr viel einfacher für Inmaculada Diz als zu Hause das Hantieren mit der Petroleumlampe, denn die Hütten in Mandaluyong waren nicht elcktrifiziert. Die meisten Mädchen aus Manila kamen aus den kinderreichen Vororten. Dr. Kunz hatte heute morgen noch einmal in den Unterlagen »Diz« geblättert. Er meinte, einen sanften Duft nach

Seerosen wahrzunehmen, und schloß daraus, daß dies wohl Inmaculadas Zimmer war.

Eine weitere Tür führte in ein Schlafzimmer, das im Stil der fünfziger Jahre eingerichtet war. Müllers Raum, dachte Kunz sofort, mit den Möbeln der Mutter Frieda. Auf dem Tisch lag der Werbeteil einer Tageszeitung, daneben ein Bogen mit Todesanzeigen. Die Verben waren unterstrichen. Durch das geschlossene Fenster drang dumpfer Straßenlärm von der schmalen Gasse zwischen den beiden Wohnblöcken nach oben. Auf dem Fußboden lagen einige Blätter, die mit deutschen Vokabeln beschrieben waren. Inmaculada tat sich schwer mit den Buchstaben, das war offensichtlich. Friedrich Müller hatte zu ihrer Erleichterung das Alphabet in großen und kleinen Buchstaben auf einen Bogen Packpapier gemalt, mit Bildern ausgestaltet und an die Wand des Zimmers geheftet. Hinter dem großen »A« saß ein kleiner Affe, hinter dem »B« lehnte ein Bambusrohr und hinter das »F« hatte er eine nackte Frau gemalt, die wohl Inmaculada darstellen sollte. »Mein Gott«, dachte Kunz, als er in einer Zimmerecke tatsächlich ein Bambusrohr an der Wand lehnen sah. Er konnte sich vorstellen, wozu es diesem verklemmten Gnom diente.

Für einen Augenblick setzte er sich auf das Bett und überlegte. Jetzt, da er um ihr Elend wußte, blieb ihm nichts anderes übrig, als Müller anzuzeigen. Aber was hatte er in der Hand? Einen bedrohlichen Stock in der Ecke, ein Zimmer, das an eine Gefängniszelle erinnerte? Die Polizei würde da noch nichts unternehmen können. Er konnte aber auch hier sitzen bleiben und Inmaculada beistehen, wenn sie wiederkam. Und wenn nicht? Er hob eines der Blätter vom Fußboden auf.

Frieda kauft Tomaten, stand dort in Druckbuchstaben. Frieda kauft Fisch. Frieda kauft Waschmittel. Frieda kauft .... Das letzte Wort fehlte. Ein weiteres Blatt war dreißigmal mit dem Satz beschrieben: Frieda muß in der Küche auf Sauberkeit achten. Frieda darf nichts verschütten, war wieder auf einem anderen zu lesen. Dann fand sich ein Blatt, auf dem sie wohl die Bedeutung von Verben geübt hatte: einladen – entladen; einschließen – entschließen; einschlafen – entschlafen ... und so weiter. Deutsch war schon eine schwierige Sprache. Und so etwas konnte sie doch nur verwirren.

»Was sie braucht, lernt sie von mir«, hatte Friedrich Müller gesagt. Er hätte es wissen müssen. Irgend etwas mußte ihm jetzt einfallen. Frieda war ja innerhalb der Wohnung nicht eingeschlossen. Sie konnte ihren Raum jederzeit verlassen. Ihrem Zimmer gegenüber lag das Bad, eine Tür weiter die Küche. Die hatte er ja schon mit Frau Estrada betreten. Sie war penibel aufgeräumt. Dennoch lag auf der Arbeitsplatte eine hauchdünne Staubschicht. Das Brot in dem Brotkasten war mehrere Tage alt, die Butter im Kühlschrank hatte eine leichte dunkelgelbe Färbung, ranzig war sie noch nicht. Er ging in das Bad. Die Handtücher waren trocken, die Seife ebenfalls. Sein Anfangsverdacht, daß diese Wohnung seit mindestens zwei Tagen unbewohnt war, wurde bestätigt. Aber wer verreist, leert vorher den Mülleimer aus. Inmaculada Diz hatte diese Wohnung also nicht freiwillig verlassen. Die nächste Tür führte in eine Abstellkammer ohne Fenster und Licht, völlig leer. Kunz hatte schon viele Wohnungen gesehen, und so unterschiedlich sie auch möbliert waren, eines hatten sie gemeinsam, die Abstellkammern waren immer zu klein. Putzsachen, Koffer, Sportgeräte, Wäscheständer, Schuhe, alles stapelte sich für gewöhnlich neben- und übereinander. Eine leere Abstellkammer konnte nur eine Dunkelzelle sein.

Ihm wurde mulmig zumute. Den Wohnraum betrat er nicht. Er konnte auch von der Tür aus feststellen, daß die Hibiskuspflanzen auf dem Fensterbrett ihre Knospen abgeworfen hatten. Die letzte Tür war verschlossen. Durch das mattierte Glas im Rahmen konnte Dr. Kunz die Umrisse von Büromöbeln erkennen. Wahrscheinlich hielt Müller darin seine Mathematiknachhilfestunden ab. Er beugte sich zum Schlüsselloch, um wenigstens einen Ausschnitt des Raums zu erkennen. Ich werde die Scheibe einschlagen, beschloß Dr. Kunz, als sein Blick auf einen Schlüssel in der Wohnzimmertür fiel. Er probierte ihn und hatte Glück. Die Schlösser waren identisch.

Das Büro war länger nicht gelüftet worden. Dr. Kunz öffnete das Fenster, um seinen sensibilisierten Magen zu schonen, dann setzte er sich an den Schreibtisch. In einem Aktendeckel, der die Aufschrift seines Instituts trug, lag ein Dossier über Inmaculada Diz. Geklaut, dachte er im ersten Moment, erinnerte sich dann aber, daß er ja selber heute morgen in den Unterlagen geblättert hatte. Kopiert, schloß er daraus, und nahm sich vor, Frau Schleier ohne Absprache mit Ulrich zu feuern, sofern sie etwas damit zu tun hätte, egal wie groß ihre Kapitaleinlage war. Da half auch die erotische Stimme nicht mehr.

Obenauf lag eine Biographie von Inmaculada. Ihr Agent beschrieb die familiäre Situation. Dr. Kunz überflog den Text. Er endete mit dem Satz: »I. D. lebt mit ihren Eltern und 13 Geschwistern in nur einem Raum. Rückzugs- und Bildungsmöglichkeiten keine.«

Ihr muß doch selbst das Loch da am Ende des Flurs wie ein Paradies vorkommen, dachte Dr. Kunz und stellte sich vor, wie sich in Inmaculadas Heimat am Abend sechzehn Personen die Reisstrohmatten gegenüber der Kochstelle teilen mußten. Und die schikanösesten Unterrichtsmethoden waren letztendlich doch immer noch besser als Unwissenheit.

Der zweite Teil war ein Bericht über die Verhandlungen, die vor Vertragsabschluß geführt worden waren. Der Betrag, den die Familie als Ablöse bekam, wurde in drei Summen bar ausgezahlt. Die erste Rate wurde bei Vertragsabschluß fällig, die zweite bei der Ausreise, beide nicht rückzahlbar, die dritte Rate wurde erst nach einem Vierteljahr ausgezahlt, wenn der Verbleib in Deutschland sicher war. Diese Bedingungen kannte er. Doch da war noch etwas. Dr. Kunz blätterte schnell durch die abgehefteten Dokumente.

Es waren Belege über Geld, das Müller offensichtlich an Ulrich Gerlach zahlte, belegt durch Quittungen, die Iris Schleier unterschrieben hatte. Und noch einmal ein Beleg über eine Geldanweisung an Inmaculadas Vater. Er trug den Absender »I. Diz«. Warum um alles in der Welt machte Müller das? Nach diesen Unterlagen finanzierte Inmaculadas Vater mit dem Geld einen kleinen Obst- und Gemüsestand für die Touristen in Intramuros. Auch dieses Geld konnte ja nur von Müller kommen. Mit dem eingesparten Haushaltsgeld durch Frau Estradas Fische war in so kurzer Zeit keine dreistellige Summe zu erwirtschaften. Zudem erfolgten die Zahlungen monatlich. Tat er Müller etwa unrecht, und verbarg sich hinter der Fassade des gehemmten Machtmenschen ein großherziger Gatte, der die arme Verwandtschaft seiner Frau unterstützte?

Ganze drei Sekunden zog Dr. Kunz diesen Gedanken in Erwägung, bis er auf ein Vokabelheft stieß, in dem Müller in peniblen Zahlenkolonnen irgendwelche Einnahmen verbucht hatte. Hinter jeder Summe stand das Tagesdatum und ein verschlüsselter Name. Dr. Kunz bekam eine dumpfe Ahnung, womit diese Buchhalterseele das Geld verdiente, Mathematiknachhilfestunden waren das jedenfalls nicht. Und Iris Schleier und sein Kompagnon Ulrich verdienten kräftig mit. Von wegen »am Abgrund balancieren«. Und er, Dr. Richard Kunz, war der Trottel – und ihr nichtsahnender Komplize. Ausgebeutet wurde er, wie Inmaculada, sie schufteten wie die Blöden, und die Herrschaften kassierten ab. Und das alles unter seinem guten Namen. Das war ... Dr. Kunz konnte sich kaum fassen. Er lockerte die Krawatte, trat an das offene Fenster und atmete tief ein, um des flauen Gefühls in der Magengegend Herr zu werden.

Wie man sich nur so in zwei Menschen täuschen konnte! Er wollte gerade das Büro nach weiterem belastenden

Material durchsuchen, da stand plötzlich Frau Estrada in der Tür und winkte ihm aufgeregt zu. »Schnell, Müller ist zurück. Mein Mann hält ihn unten im Lokal auf, mit Reisschnaps, das hilft immer. Haben Sie etwas gefunden?«

Dr. Kunz beschloß, so schnell keinem Menschen mehr zu vertrauen. Er steckte die ganze Akte samt Quittungsheft unter den Pullover und behielt sein neu erworbenes Wissen erst einmal für sich.

»Ja, aber keinen Hinweis auf den Aufenthaltsort von Inmaculada«, antwortete er und setzte einen harmlos wirkenden Gesichtsausdruck auf.

»Wir fragen ihn einfach«, beschloß Frau Estrada und half ihm, das Fenster zu schließen. »Und gegen die Quälereien, gibt es da eine Handhabe?«

»Ich fürchte nein. Fräulein Diz müßte ihn anzeigen, wegen Freiheitsberaubung und seelischer Grausamkeit.«

»Da hat sie zuviel Angst, daß sie ausgewiesen wird. Da müssen wir uns etwas anderes überlegen.« Sie sperrte das Büro zu und steckte den Schlüssel wieder in das Schloß der Wohnzimmertür. Dann schlichen sie die Treppe hinunter und betraten wenig später das Lokal. Müller saß noch immer am Tresen. Er war guter Dinge.

»Sie lassen auch nicht locker, wenn es um Geld geht«, sagte er lachend, als er Dr. Kunz in der Tür erblickte. Er wandte sich zu Herrn Estrada und erklärte: »Er kommt persönlich, um seinen Scheck zu holen.«

»In erster Linie wollte ich einfach wissen, wie es Ihnen geht.« Kunz meinte, einen leichten Seerosenduft wahrzunehmen. Er trat auf ihn zu.

Müller musterte Dr. Kunz von oben bis unten. »Wissen Sie, wenn ich einen guten Reisschnaps bekomme, geht es mir immer gut. Und meiner zauberhaften Frieda geht es bei meiner Schwester wahrscheinlich noch besser. Dort bekommt sie den letzten Schliff als Frau. Kommen Sie, ich gebe Ihnen Ihren Scheck, bevor Sie mich noch länger verfolgen. Schließlich verdanke ich Ihnen das Gelingen meines Versuchs.« Er zog einen Stift und das Scheckbuch aus der Tasche, schrieb den Gesamtbetrag von 15.000 DM in das vorgegebene Feld und reichte ihn Dr. Kunz. Der steckte ihn schnell in seine Jackentasche.

»Was für einen Versuch?« fragte er. Seine Stimme zitterte leicht.

»Den Nachweis meiner These, daß es zwar so etwas wie eine Vorherbestimmung durch Sternzeichen gibt, daß man sie aber auflösen kann, wenn man es richtig macht. Man kann aus allen Menschen alles machen. Auch aus einem egoistischen Skorpion eine gute und sanfte Kreatur.«

»Das glaube ich nicht«, mischte sich Herr Estrada lautstark ein. »Meine Frau ...«

»Halt den Mund und geh in die Küche«, zischte Frau Estrada und schob ihren Gatten aus dem Gastraum. Müller winkte ab.

»Und Frieda Müller, Ihre Mutter, was hat sie aus Ihnen gemacht?« flüsterte Dr. Kunz Müller zu, als sie für wenige Augenblicke allein waren. Er bereute die Frage sofort. Die Stimmung wurde eisig. Frau Estrada servierte schnell noch eine Runde Reisschnaps, dann sagte Friedrich Müller ganz leise: »Einen Deppen, wenn Sie es genau wissen wollen. Ihnen kann ich das ja sagen, Sie sind nämlich auch einer.«

Damit stand er abrupt auf und verließ das Lokal.

»Jetzt konnten wir ja gar nichts für Inmaculada tun.« Dr. Kunz war nicht besonders glücklich über den Verlauf des Gesprächs.

»Ich werde eine Lösung finden«, tröstete ihn Frau Estrada und schob ihn ebenfalls zur Tür hinaus.

Der Klient um 16 Uhr mußte sich noch über eine Viertelstunde gedulden. Fünf Minuten, weil Kunz zu spät kam, und weitere zehn Minuten, weil sein Freund Ulrich im Besprechungszimmer auf ihn wartete.

»Seit wann treiben wir unser Geld bei den Kunden persönlich ein?«

Kunz legte den Scheck vor Ulrich auf den Tisch. »Ungewöhnliche Zeiten erfordern ungewöhnlich Maßnahmen. Wir stehen doch kurz vor einem Konkurs, oder sehe ich das falsch?«

»Sagen wir mal so«, Ulrich schob den Scheck in die Schreibtischschublade, »wir brauchen jeden Pfennig. Hast du mit der Kleinen gesprochen?« Kunz konnte sich denken, auf was Ulrich hinauswollte.

»Sie ist, wie alle Frauen von Müller, verschwunden. Ich werde eine Vermißtenanzeige aufgeben.«

»Unsinn, hat er dir das nicht erklärt? Sie ist bei Freunden oder so.«

»Du weißt gut Bescheid.«

»Ich habe ihn zufällig getroffen, da redet man halt.«

»Ach so. Sie sei bei seiner Schwester, hat er gesagt. Aber ich glaube ihm kein Wort.«

Ulrich zuckte mit den Schultern. »Warten wir erst mal ab mit einer Vermißtenanzeige, bis ich den Scheck eingelöst habe und ...«

... und du die Unterlagen über illegale Prostitution vernichtet hast, ergänzte Dr. Kunz in Gedanken. Er sah Ulrich schweigend an.

»... und überstürzen nichts. Möglicherweise hast du recht.« Ulrich stand auf und ging im Zimmer umher. »Sonst wird er vielleicht heute nacht noch verhaftet. Wenn dann sein Konto nicht gedeckt ist, bekommen wir das Geld nie. Das wäre unser Ruin.«

»Und wenn er Inmaculada etwas angetan hat?«

»Unsinn, wer schlachtet schon die Gans, die ihm goldene Eier legt?« Ulrich lachte unsicher.

»Wie bitte?« Dr. Kunz hatte unbewußt die Hände zu Fäusten geballt. Ulrich lächelte ihm beruhigend zu.

»Ich meine, er wird kaum so viel für eine Frau zahlen, nur damit er sie umbringen kann.«

»Bist du dir da so sicher?« Dr. Kunz starrte auf die Papiere auf Ulrichs Schreibtisch. Natürlich mußte die Frau irgendwann verschwinden, sie war ja eine Zeugin und hatte die beiden in der Hand. Das war eine Nummer zu groß für ihn. Das mußte die Polizei klären. Andererseits, wenn die Sache aufflöge, das gäbe einen richtigen Skandal. Das Institut würde geschlossen werden, sein Ruf als Psychologe wäre für alle Zeiten ruiniert, und er stünde ohne einen Pfennig Geld vor dem Trümmerhaufen seines Lebens.

Nein, er mußte die Sache anders regeln. Seinen Anteil mußte er bekommen und die kleine Inmaculada, und dann sollte es ihm egal sein, was aus den beiden und dem Institut wurde. Jetzt war es endlich an der Zeit, einmal an sich zu denken. Er mußte nur einen günstigen Moment abwarten.

Ohne ein weiteres Wort ließ er Ulrich stehen und widmete sich seinem wartenden Klienten.

Am übernächsten Tag geschahen mehrere Dinge, mit denen Dr. Kunz nicht gerechnet hatte. Erstens wurde das Geld von Friedrich Müller ihrem Konto gutgeschrieben. Und dann schaffte er es einfach nicht, Frau Schleier wegen der Aktenkopie zur Rede zu stellen. Wozu auch, beruhigte er sein Gewissen, wenn die Sache ohnehin bald zu Ende war. Und er erhielt Besuch von Frau Estrada, die aufgebracht hinter einer ziemlich verunsicherten Frau Schleier in sein Büro stürzte. Iris Schleier verdrehte die Augen, allerdings nur zu ihm gewandt, so daß Frau Estrada die Geste nicht bemerkte, und murmelte: »Sie wollte nur mit Ihnen sprechen, und Ulrich …«

»Ich weiß jetzt, wo Inmaculada war«, fuhr Frau Estrada in voller Lautstärke dazwischen.

Dr. Kunz stand auf und hob die Hand, worauf Frau Estrada sich erst einmal erschöpft auf den Besucherstuhl fallen ließ. Er winkte Iris Schleier zu, sie solle ihn mit Frau Estrada alleine lassen. Dann überprüfte er, ob die Gegensprechanlage auch wirklich ausgeschaltet war.

»Und jetzt erzählen Sie mir mal ganz in Ruhe, was Sie

herausgekriegt haben«, nickte er Frau Estrada zu. »Haben Sie Müller gefragt?«

»Na, das war nicht mehr nötig. Inma ist wieder in der Wohnung.« Frau Estrada beugte sich nach vorn, wobei ihr fast die Krokodilledertasche herunterfiel, die sie vor sich auf den Knien balancierte. »Von wegen Urlaub auf dem Lande. In einem Bordell war sie, vermietet sozusagen. Können Sie sich das vorstellen? Das arme Ding. Ich bin gleich hoch, als der Müller heute morgen zur Arbeit ist. Sie hat mir alles erzählt.«

Dr. Kunz wippte auf seinem kippbaren Chefsessel nach hinten und überlegte. »Eine Anzeige bringt nichts«, sagte er dann.

»Warum denn nicht? Das ist doch jetzt eine richtige Zeugenaussage.« Frau Estradas schwarze Augen blitzten ihn kampfeslustig an.

»Ich werde mir meinen Anteil an dem Institut auszahlen lassen, und dann nehme ich das Mädchen zu mir.«

Frau Estrada schaute ihn schweigend an, dachte eine Weile nach und schüttelte dann resigniert den Kopf. »Die werden nicht freiwillig zahlen.«

»Ich habe genug gegen sie in der Hand.« Er klopfte auf die Akte Diz, die vor ihm auf dem Schreibtisch lag.

»Und wenn's nicht klappt, soll Inma dann wieder in den Puff? Nein, das machen wir anders. Ich lade Sie alle heute abend zum Fischessen ein. Dann bringen wir das alles zur Sprache und finden eine Lösung.« Mit einer schnellen Bewegung stand sie auf. Dann zeigte sie mit dem Finger auf ihn und sagte lächelnd: »Sie, Sie kneifen ja doch wieder in letzter Minute. Das regeln wir jetzt wie unter Geschäftsleuten. Sie bekommen Ihr Geld, und das Mädchen bestimmt selbst, wo es leben will. Bringen Sie die Beweise mit.«

»Und wie wollen Sie die plötzliche Einladung begründen?«

»Wir sagen, wir probieren ein neues Rezept aus. Das stimmt sogar. Wir werden etwas servieren, was wir noch nie serviert haben. Er wird es glauben, und Ihre Kollegen auch. Solche Leute sind immer zur Stelle, wenn es etwas kostenlos gibt.«

»Gut«, sagte Dr. Kunz. Der Plan schien ihm plausibel.

»Und bitte«, ermahnte ihn Frau Estrada, »erzählen Sie niemandem davon.«

Dr. Kunz dachte an die Kopie seiner Akten auf Müllers Schreibtisch und an die vielen ähnlichen Akten, die zweifelsohne in anderen Schreibtischschubladen verschlossen waren. Er nickte.

Als Frau Estrada gegangen war, suchte er Ulrich, um ihn zu dem Fischessen einzuladen. Aber das Institut war leer. Auch daheim meldete sich niemand. Schließlich fand er in Ulrichs Terminkalender eine Notiz, daß sein Kompagnon ganz plötzlich zu einer Geschäftsreise aufgebrochen war – es ging um die Eröffnung einer Filiale in den neuen Bundesländern. Frau Schleier hatte ihn offensichtlich begleitet.

Dr. Kunz beschloß, allein zu dem Fischessen zu gehen. Irgendwie kam ihm diese Geschäftsreise ganz gelegen. Ulrich und diese Schleier würden ihn nie auszahlen. Müller dagegen schien ihm für seine Forderungen die beste Adresse zu sein. Ganz kurz machte sich ein kleines ungutes Gefühl in seinem Magen bemerkbar, als er sich auf den Weg zur Familie Estrada machte. Doch als er die Tür des Gastraums öffnete und eine wunderbar gedeckte Tafel mit den verschiedensten Gerichten vorfand und neben Müller seine Inmaculada stand, etwas schmal und blaß vielleicht und nervös, aber doch lebendig, waren alle unguten Gefühle verschwunden. Fast glücklich setzte er sich neben Müller an den Tisch und kostete von dem wunderbaren Fischragout, daß ihnen Inmaculada sanft lächelnd über den Tisch reichte. Sie wirkte vollkommen konzentriert, nur die Hand, in der sie die Fischschale hielt, zitterte ein wenig.

»Frieda ist vollkommen«, sagte Müller verklärt, nahm seinen Teller entgegen und sah Dr. Kunz erwartungsvoll an.

»Das ist sie«, bestätigte dieser. Sie war tatsächlich seine Traumfrau. Klein, zart, eine gekonnte Mischung aus Hingabe und Furcht und dennoch eine ungezähmte Leidenschaft in dem verschleierten Blick.

Beinahe gleichzeitig schoben die beiden Herren einen Löffel mit dem duftenden Ragout in den Mund. Dann zeigte sich ihre letzte Gemeinsamkeit. Sie zuckten, und es würgte sie zwischen Kinn und Kehlkopf und gleichzeitig rutschten sie sanft von ihren Stühlen auf den kalten Steinfußboden und lächelten selig, während sie für immer die Augen schlossen.

Bei ihrer Rückkehr von der Geschäftsreise fand Iris Schleier einen handgeschriebenen Brief für »Herrn Gerlach« im Briefkasten, der offensichtlich persönlich eingeworfen worden war. Über Ulrichs Namen prangte dick unterstrichen der Vermerk »Vertraulich!«. Ohne zu zögern, riß Frau Schleier den Brief auf. In einer säuberlichen Jungmädchenschrift stand da: *Lieber Herr Gerlach, bitte schnell kommen zu Restaurant Estrada. Müller hat mir gelobt ich kann in Deutschland bleiben, wenn ich gut und sanft zu Männern, dann er hat sich entlobt. Aber das nicht geht. Ich habe geschlafen mit ihm, gut und sanft, und dann er sanft entschlafen. Jetzt ich kriegen kein Geld für Manila mehr. Ich Polizei, oder du? Inma.* Frau Schleier drückte auf die Gegensprechanlage und rief mit ihrer erotischen Stimme ihren Kompagnon zu sich in ihr neues Büro.

Was es noch zu berichten gibt?

In den nächsten beiden Wochen beauftragte Maria Estrada zweimal wöchentlich die Fischkadaver-Entsorgungsstelle, obwohl auch nicht mehr Fischgerichte auf der Speisekarte standen als sonst. Frieda nannte sich wieder Inmaculada, arbeitete als Bedienung im Lokal, und Frau Estrada nahm sie, damit sie bleiben konnte, an Kindes Statt an. Sie war eine hervorragende Arbeitskraft, die den Gästen die Wünsche von den Augen ablesen konnte. Die Durchfallquote in Mathematik an den innerstädtischen Gymnasien schnellte sprunghaft in die Höhe. Und Ulrich Gerlach beauftragte Frau Schleier mit der Führung der neu eröffneten Filiale, nicht ohne vorher eine Frau Gerlach-

Schleier aus ihr gemacht zu haben. Die Geschäfte liefen nach wie vor hervorragend. So waren für die beiden auch die monatlichen Zahlungen an ihre stillen Teilhaberinnen nicht übermäßig schmerzhaft.

Sonst blieb alles beim alten.

Klaus Modick *Scorpion Zwo*

Die Innenstadt von Neuschloß, von notorisch selbstbewußten Neuschlossern gern auch als »City« bezeichnet, besteht aus einer ausgedehnten, stark frequentierten Fußgängerzone, in der sich Geschäft an Geschäft reiht. Da sich hier wie überall dieselben Kaufhausfilialen und die – per Franchising weitgehend identisch gemachten – Niederlassungen von Ladenketten ausbreiten, die es deckungsgleich in jeder deutschen Fußgängerzone gibt, könnte man im Vorbeischlendern an *Hennes & Mauritz* und *Body Shop*, *Montanus* und *Douglas* durchaus auf die Idee kommen, nicht in Neuschloß zu sein, sondern beispielsweise in Bielefeld, in Mainz oder gar in Oldenburg.

Neuschloß wäre also bis zur deutscheinigen Unkenntlichkeit verwechselbar, gäbe es hier nicht eine architektonische Besonderheit, ja Einzigartigkeit, die das Neuschlosser Stadtbild aufs markanteste prägt – wenn schon nicht das Einkaufsghetto der Fußgängerzone, so doch die innenstadtnahen, bürgerlichen Wohngegenden. Die Rede ist natürlich vom sogenannten Neuschlosser Hühnerstall, jenem zwischen schlichtem Einfamilienhaus und großbürgerlicher Stadtvilla vielfach modulierenden Satteldachgebäude, dessen Ursprünge im 19. Jahrhundert liegen und über dessen baugeschichtliche, kulturhistorische, soziologische und wohnpsychologische Bedeutungen inzwischen ganze Bibliotheken verfaßt worden sind, die von unermüdlichen, heimatverbundenen Forschern noch immer erweitert werden. Derzeit kämpft die Neuschlosser Erich-Mühsam-Universität bekanntlich um die Einrichtung eines architektonischen und architekturhistorischen Studiengangs, der sich mit der Erforschung des Neuschlosser Hühnerstalls befassen und insbesondere klären soll, was es eigentlich mit dessen Bezeichnung auf sich hat.

Für namenskundliche Forschungen scheint die Universität übrigens insofern prädestiniert, als sie selbst eine ebenso lange wie unerquicklich ideologisierte Auseinandersetzung zu führen hatte, bis der Name Erich Mühsams durchgesetzt werden konnte; die Landesregierung hatte sich seinerzeit für eine Ernst-Albrecht-Universität stark gemacht, während die Stadt bekanntlich den Namen ihres zwar nicht größten, aber liebsten Dichters, des bodenständigen, in den 30er und 40er Jahren ungewöhnlich populären Schwank-Autors Hinrich August nämlich, an die Universität vergeben wissen wollte. Das aber nur am Rande.

Am Rande, genauer gesagt: direkt neben dem Altpapiercontainer in der Ecke des Parkplatzes eines architektonisch sonst eher unergiebigen Aldi-Markts, steht auch jener Schaukasten aus rostfreiem Edelstahl und schußfestem Panzerglas, den seine selbstlosen und kunstbeflissenen Spender als Erinnerungsvitrine verstanden wissen wollen. Das Gelände war, wie die benachbarten Straßenzüge auch, kurz vor der Jahrhundertwende mit drei kleineren Exemplaren Neuschlosser Hühnerställe bebaut worden, die jedoch vor einigen Jahren, Denkmalschutz hin, Kulturpflege her, im Interesse preis- und verkehrsgünstigen Einkaufens, also im Bürgerinteresse, abgerissen werden mußten. Auf den ersten Blick könnte man meinen, der besagte Schaukasten sei in memoriam der verschwundenen Häuser aufgestellt worden, hängt in ihm doch eine auf Posterformat vergrößerte Fotografie des Hühnerstalls mit der Hausnummer 9; am linken und rechten Rand der historischen Aufnahme, die vermutlich in den 20er Jahren gemacht wurde und deren – Ehrfurcht vor der Tradition signalisierende – Vergilbtheit durch die moderne Reproduktion nicht geschönt wurde, erkennt man noch, etwas unscharf, die Hausecken der Nummern 7 und 11.

Wer sich seines Altpapiers entledigen möchte, neugierig wird und auf dem Weg zum Container dem Schaukasten nähertritt, den belehrt die würdig-schlicht in den Edelstahl gravierte Bildlegende darüber, daß hier nur in zweiter Linie eines Hauses, in erster aber eines großen Künstlers gedacht wird:

In diesem Hause
wurde im Sternbild des Skorpions
am 5. November 1928
der Maler und Bildhauer Jan Oncken geboren.

Die aus der Not der Altpapierentsorgung geborene, profane Neugier weicht zwar einem gewissen Befremden über die Erwähnung des Tierkreiszeichens, aber doch sogleich auch jener tiefen Ergriffenheit, die uns überkommt, berühren unsere Füße die Stellen, über die einst die Großen geschritten sein mögen – die wirklich ganz Großen, die womöglich sogar über Neuschloß hinaus eine gewisse Bedeutung und Beachtung erlangten. Und wenn dann unser verschwimmender Blick schließlich den in nur unwesentlich größeren Lettern gravierten Hinweis erhascht, wem wir staunende Nachwelt solch selbstlosen Dienst an der Kunst verdanken, dann spüren wir wieder einmal, daß in Neuschloß das Leben so kurz wie anderswo auch sein mag – die Kunst aber währet hier länger.

Diese Erinnerungs-Vitrine,
entworfen von dem Architekten
Dipl. Ing. Godehard Dressler,
ist ein Geschenk der Curt-Küppers-Stiftung
an die Stadt Neuschloß und ihre Bürger.

Und während wir die gestapelten und gebündelten Ausgaben des *Nordkuriers* in den Tiefen des Containers versenken, erinnern wir uns zugleich an die unbestechlich-klare Berichterstattung, mit der dieses unabhängige und überparteiliche Zentralorgan seinerzeit die Erregungen und Bewegungen publizistisch begleitete und zu lenken versuchte, diese Turbulenzen und Debatten, die die Neuschlosser Kulturwelt erschütterten, als nach dem mysteriösen Tod des überregional bekannten, wenn nicht gar großen Jan Oncken ...

Aber ich will nicht vorgreifen und gegen den Wahlspruch verstoßen, den das ehemalige Großherzogtum Neuschloß im Wappen führt: Festina lente. Eile mit Weile also – beziehungsweise eins nach dem anderen, und wenn's mit dem Einen nicht klappt, kann das Andere schon lange warten. Neuschloß, jene einstmals idyllische Residenz in nordwestdeutscher Randlage, verlor bekanntlich nach dem Zweiten Weltkrieg kraft britischen Dekrets seine Freistaatlichkeit und wurde dem neu geschaffenen Bundesland Niedersachsen zugeschlagen. Da die Neuschlosser Mentalität in ihrer tiefverwurzelten Bodenverhaftung ein solides Mißtrauen gegenüber allem Neuen und Unbekannten hegt, empfand man den Verlust der Souveränität als Willkürakt, dem die Schmach, von nun an ausgerechnet aus Hannover regiert zu werden, gewissermaßen die parlamentarisch-demokratische Krone aufsetzte.

Außerhalb der Herrscherfamilie selbst wäre damals natürlich auch niemand auf die Idee verfallen, Neuschloß wieder als Großherzogtum zu installieren, doch die Erinnerung ans Goldene Zeitalter kleinstaatlicher Souveränität saß tief und steht breit im ansonsten von Sehenswürdigkeiten wenig gesegneten Stadtbild: Das liebevoll renovierte Barock-Schloß im Zentrum beherbergt heute beispielsweise das Museum für Kultur und Geschichte; im Thronfolgerpalais, Thropa genannt, in dem seinerzeit die Prinzen das Ableben ihrer Väter aussaßen, stehen heute erneut Untätige Schlange, da hier das Arbeitsamt residiert; und im ehemaligen Otto-Heinrich-Hospiz, kurz und weltläufig OHIO, befindet sich das städtische Kulturzentrum. Die Stadt Neuschloß hat ihr feudales Erbe also in zeitgemäße Nutzungen überführt, die ebenso traditionsbewußt wie pragmatisch sind und sogar dem Bedürfnis nach kultureller Erbauung ein wenig Rechnung tragen.

Indem ich nicht vorgreifen wollte, bin ich abgeschweift; gleichwohl sind diese Zusammenhänge von gewisser Bedeutung, will man die Chronik der bemerkenswerten oder jedenfalls merkwürdigen, am Ende auch irgendwie undurchsichtigen und bislang nach wie vor unaufgeklärten Ereignisse verstehen, die schließlich dazu führten, daß dem in künstlerischer Hinsicht womöglich größten Sohn der Stadt, Jan Oncken nämlich, jenes imposante Denkmal neben dem Altpapiercontainer gesetzt wurde. Ich muß um der Wahrhaftigkeit willen vorab einräumen, daß ich während der Konflikte zwischen den diversen Museumsleitungen, der Stadt, der Bezirksregierung, dem Kultusministerium im ungeliebten Hannover und der Curt-Küppers-Stiftung insofern Partei war, als ich derzeit den Posten eines Sekretärs bei der Stiftung selbst bekleidete – ein, unter uns gesagt, erfreulich geruhsamer Job: Meine Aufgabe bestand im wesentlichen darin, mich nach förderungswürdigen Künstlern und Projekten umzusehen und dann kurze Berichte für Herrn Küppers anzufertigen, die ihm bei der Entscheidung helfen sollten, wie sein Geld, genauer gesagt: das abzuschreibende Kapital, auszuschütten sei. Da auch Herr Küppers ein bodenständiger Neuschlosser und also bei aller finanziellen Potenz intellektuell bescheiden geblieben ist, verbat er sich alle ästhetischen oder gar kunsthistorischen Komplikationen und Subtilitäten, was ich als Kunsthistoriker anfangs nicht immer bewerkstelligen konnte – aber im Lauf der Zeit begriff ich, worum es ging. Was die Küppers-Stiftung interessiert, ist nämlich verständlicherweise einzig die Frage: Lohnt sich die Sache oder lohnt sie sich nicht? Lohnend und damit förderungswürdig ist alles, was dazu angetan ist, den Namen Küppers strahlen zu lassen, in Neuschloß, über Neuschloß hinaus, landesweit, bundesweit, europaweit, weltweit. Als *global player* in der Sponsorenliga ist die Stiftung zwar bislang noch nicht wirklich in Erscheinung getreten; der Ankauf der Oncken-Sammlung wäre aber gewiß ein Schritt in die richtige Richtung gewesen, hätte das kleinkarierte Hickhack, von dem zu berichten sein wird, nicht alles zunichte gemacht.

Immerhin hat die Strategie der Stiftung, teilweise sogar unter meiner Federführung, zumeist bestens funktioniert. Beispielsweise wären Ausstellungen wie »100 Jahre Tourismus in der Neuschlosser Region« oder auch »Vom Knüppeldamm zur Schwebebahn – Verkehrswesen in norddeutschen Niederungen« ohne die großzügige Unterstützung der Stiftung unmöglich gewesen; sogar die Verpflichtung des Boston Symphony Orchestras zu seinem umjubelten Gastspiel in der Jadebusen-Halle oder der Auftritt der Schauspielerlegende Bernward Grisetti im Hoftheater verdankten sich dieser Sponsorentätigkeit; die als Rollschuh- und Skateboard-Bahn gedachte Anlage am Magazin-Platz, die die Stadt leider zu einem Treffpunkt für Drogenabhängige verkommen läßt, zeigt das Signet der Stiftung in Form seiner Granitpflasterung, und selbst die nagelneuen Mahagoni-Parkbänke im Schloßpark tragen die Messingplaketten mit dem Signet der Curt-Küppers-Stiftung. Mit meinem Vorschlag, durch die Verleihung eines Curt-Küppers-Preises für Literatur auch Schriftsteller zu fördern, konnte ich allerdings nicht durchdringen.

»Literatur«, gab mir Herr Küppers Bescheid, »bringt nix. Wir können unser Signet ja wohl schlecht auf die Buchumschläge drucken. Literatur ist auch zu anstrengend. Oder glauben Sie im Ernst«, fügte er mit der ihm eigenen, zupakkend-derben Selbstironie hinzu, »daß jemand Lust hätte, einen Nachkriegsroman über Klopapier zu schreiben?«

In Neuschloß hätte diese Pointe natürlich überall für Lacher gesorgt, doch muß sie für die regionalhistorisch weniger Bewanderten hier kurz erklärt werden: Die papierverarbeitenden Küppers-Werke, gegründet 1912 von Curt Küppers' Vater, dem legendären Selfmademan Hans-Rudolf »Harro« Küppers, hatten ursprünglich Kartonagen und Verpackungen hergestellt, wurden aber nach 1945 im Rahmen der alliierten Zwangsbewirtschaftung auf die Produktion von Toilettenpapier verpflichtet. Die Geschäfte gingen anfangs auch gar nicht schlecht, aber als Mitte der 60er Jahre nach dem Tod des alten Harro dessen Sohn Curt die Geschäftsführung übernahm, befand sich das Werk trotz seines grundsätzlich krisensicheren Produkts bereits in Turbulenzen. Inwieweit die Gründe für den Niedergang hausgemacht oder aber, wie Curt Küppers zu sagen pflegt, von »globalen Konjunkturschwankungen« ausgelöst wurden, vermag ich nicht zu entscheiden. Unstrittig ist allerdings, daß der neue Chef sich mehr für Golf, schnelle Autos und Rennpferde und speziell für den

Aufbau seines Gestüts in Südfehnhausen interessierte als für die Reißfestigkeit des von ihm hergestellten Produkts. Und wer wollte ihm das verdenken? Jedenfalls wurde das Werk Anfang der 70er Jahre an den schwedischen Papierkonzern Papnas & Co. verkauft, und zwar zu einem Preis, von dem Insider munkelten, er sei grotesk überhöht gewesen.

Curt Küppers legte die erzielten Millionen klug in Aktien und in- und auswärtigen Immobilien an und widmete sich ansonsten ganz dem Aufbau seines Gestüts. Für Kunst hatte er sich ernsthaft nie interessiert; allerdings legte er stets ein gewisses Faible für realistische Genremalerei mit regionalen Bezügen an den Tag. »Schön ist, wenn man erkennt, was es sein soll«, lautet sein ästhetisches Credo, worin er sich einerseits mit einigen Protagonisten der hiesigen Museumsszene einig weiß und weshalb er andererseits, neben seiner berühmten Sammlung von Pferdemalerei, gelegentlich Bilder der Neuschlosser Maler Emil Sommer oder auch Walter Müller-Prielhaus erwarb, die im späten 19. Jahrhundert allerlei Stilleben, aber auch behaglich-idyllische Szenen aus Stadt und Land, auf ihre großflächigen Leinwände gebannt hatten.

Wer ihn dann auf den Gedanken gebracht hat, seine Stiftung ins Leben zu rufen, die Ende der 70er Jahre ihre rege Tätigkeit aufnahm, ist mir nicht bekannt; nicht auszuschließen, daß es Küppers' eigene Idee war. Schon bisher hatte Herr Küppers gern gespendet, was die Steuer ihm ohnehin genommen hätte, aber die Vorstellung, nicht mehr als müßiggehender Erbe einer Papierfabrik aufzutreten, der gelegentlich eine Wasserrutsche im Freibad oder eine Teeküche im Diakonischen Werk spendierte, sondern als Mäzen, als Förderer von Kunst und Kultur öffentlich aufzutreten, Skulpturen zu enthüllen, Dirigenten zu begrüßen und dergestalt in die Annalen einzugehen, muß ihm eines Tages sehr hell eingeleuchtet haben beziehungsweise eingeleuchtet worden sein. Der Rest ist Geschichte, Kulturgeschichte gar; die Stiftung machte sich schnell einen Namen, wurde überregional bekannt – Geld wird ja überall gern genommen! – und leistete sich in meiner Wenigkeit sogar einen Sekretär.

In dieser Eigenschaft saß ich eines trüben Tages in meinem Büro; es befindet sich in einem historischen Gebäude der Innenstadt, wobei sich das Historische aber nur auf die oberen Stockwerke beschränkt, weil sich im Erdgeschoß die Filiale einer italienischen Boutiquen-Kette befindet. Ich hockte also an meinem Schreibtisch unter dem Emil-Sommer-Gemälde *Gewitter über der Marsch*, das Herr Küppers aus Privatbesitz erworben hatte, und schrieb an einem Exposé, in dem ich der Stiftung von der angedachten Förderung des Ausstellungsprojekts »Niederdeutsche Trachten im Spiegel friesischer Linoleumschnitte« abriet, weil durch derlei kunsthistorisch verbrämte Heimatkunde der immer weiter hallende und fast schon international vernehmbare Ruf der Stiftung gedämpft werden könnte, als der Anruf kam, mit dem alles begann.

Am Telefon war ein gewisser Dr. Schrempf aus Frankfurt am Main, ein, wie sich bald herausstellte, Kunstsammler und Galerist. Mit vor Erschütterung bebender Stimme (daß seine Erschütterung lediglich geheuchelt war, sollte sich natürlich erst später herausstellen) ging er davon aus, daß ich heute bereits den Kulturteil der Zeitung gelesen hätte und mir insofern der Grund seines Anrufs klar sein müsse. Natürlich hatte ich das halbseitige Feuilleton des *Nordkuriers* gelesen, aber was die Berichterstattung über eine Theaterpremiere in Wilhelmshaven und die diversen dpa-Meldungen der Kategorie »Kurz & uninteressant«, vom »Spruch des Tages« zu schweigen, mit dem Frankfurter Kunstfreund zu tun haben sollten, war mir durchaus unklar. Schrempf hatte aber offenbar auch gar nicht mit einer Antwort gerechnet, sondern sprach, nein: hauchte, mit belegter Stimme den entscheidenden Satz: »Oncken ist tot.«

»Ach ...« sagte ich und überlegte. Oncken?

»Jan Oncken«, half mir Schrempf auf die Sprünge. »Der große Maler und geniale Bildhauer ist vorgestern an den Folgen eines Unfalls verstorben. In angetrunkenem Zustand vom Balkon gestürzt. Ein unersetzlicher Verlust für die Kunst des 20. Jahrhunderts. Jan Oncken, der Postexpressionist, den manche auch den ›Alten Wilden‹ nannten, Jan Oncken, der Schöpfer der Großplastiken *Scorpion Zwo* und *Twister Two*, Jan Oncken, der international ...«

»Ach so«, sagte ich, »Sie meinen ...«

»Genau«, eiferte Schrempf, »ich meine den größten Sohn Ihrer Stadt.«

»Er ist hier geboren«, sagte ich, »das stimmt schon, aber soviel ich weiß, hat er lediglich seine Kindheit in Neuschloß verbracht und die Stadt später nur noch ein einziges Mal besucht, wobei es zu einem wüsten Eklat kam, weil der Kunstverein sich wegen chronischen Platzmangels über seine Aufbauanweisungen hinweggesetzt hatte und dann ...«

»Ja, ja«, sagte Schrempf ungeduldig, »das ist allgemein bekannt. Und mir persönlich sowieso. Und es ist Schnee von gestern. Oncken hatte eben ein etwas aufbrausendes Naturell.«

»Der Pißpott, in dem ich geboren wurde, hat sich prächtig entwickelt«, zitierte ich Onckens legendäre Sätze, die damals ganz Neuschloß in Rage versetzt hatten. »Er ist nämlich zu einem Scheißladen geworden.«

»Ja, gut, das ist ihm in der verständlichen Erregung so herausgerutscht«, wiegelte Schrempf ab. »Der Hausmeister vom Kunstverein hatte ja wohl auch zwei der Glas-Metall-Skulpturen für Sperrmüll gehalten und auf die Straße gestellt, weil gerade Abfuhrtag war.«

»Woraufhin Oncken verfügt haben soll«, ergänzte ich, »daß nie wieder eins seiner Werke in Neuschloß gezeigt werden dürfe.«

»Nein, nein«, sagte Schrempf hastig, »das hat er nie gesagt; von Verfügung kann überhaupt keine Rede sein, und schriftlich gibt es da schon gar nichts. In einer stillen Stunde hat mir der gute Jan sogar noch kurz vor seinem Tod anvertraut, daß er seine Heimat über alles geliebt habe. Wenn ich an Neuschloß denke, hat er wortwörtlich gesagt, kommen mir immer noch die Tränen. Und das bringt mich nun auch gleich auf den Kern der Sache.«

Der Kern der Sache bestand darin, daß Schrempf im Besitz eines, wie er sich ausdrückte, »gewaltigen Konvoluts hochbedeutender Skizzen und Entwürfe« Onckens sei, deren Bedeutung und Wert in absehbarer Zeit noch beträchtlich wachsen werde, da der Tod eines Künstlers dessen Marktwert bekanntlich steigere. Die Stadt Zürich, in der Oncken nach seinen französischen und italienischen Wanderjahren in den letzten zwanzig Jahren im freiwilligen Exil gelebt hatte, habe ihm, Schrempf, bereits ein Kaufangebot unterbreitet. Doch im Gedenken an Onkkens Bemerkung, wie sehr er trotz allem an Neuschloß gehangen habe, eine Bemerkung, die man gewissermaßen als »letzte Worte und Vermächtnis« aufzufassen die Pflicht habe, halte er, Schrempf, es nur für recht und billig, diese unschätzbare Sammlung in Neuschlosser Hände zu geben, zumal, wie er gehört habe, die Stadt in kultureller Hinsicht einen gewissen Nachholbedarf aufweise.

»Neuschloß ist nicht New York«, sagte ich, was Schrempf mit der schmeichlerischen Bemerkung konterte, Großstadt sei Großstadt. Im übrigen gehe er davon aus, daß öffentliche Gelder für kulturelle Belange in New York ebenso spärlich zur Verfügung stünden wie in Neuschloß, weshalb er sich auch nicht etwa an ein städtisches Museum wende, sondern, und das sei nun der Kern des Kerns der Sache, an mich beziehungsweise die weltweit einschlägig anerkannte und verehrte Curt-Küppers-Stiftung, um ihr den Ankauf des Konvoluts zu ermöglichen. Um Onckens letztem Wunsch nachzukommen, sei er, Schrempf, sogar bereit, finanzielle Abstriche zu machen und der Stiftung die Sammlung für den Spottpreis von drei Millionen Mark quasi zu schenken.

»Drei Millionen sind zwar kein Pappenstiel«, nickte Herr Küppers anerkennend, als ich ihm einige Tage später von Dr. Schrempfs Angebot berichtete. »Aber ich will Ihnen mal was sagen: Bescheidenheit ist ein Laster, unter dem Neuschloß stets gelitten hat. Sehen Sie sich doch nur unseren VfL an. Dieses erbärmliche Gekicke in der Amateurliga. Kein Mut zum Risiko, keine Perspektiven. Betteln mich um 100.000 Mark an. Behaupten, daß Fußball etwas mit Kultur zu tun habe. Lächerlich. Unter vier, fünf Millionen läuft gar nichts, wenn die ins Profigeschäft wollen. Daß es auch anders geht, sieht man am 1. FC Kaiserslautern. Die sind Deutscher Meister geworden, und Kaiserslautern hat weniger Einwohner als Neuschloß. Dafür haben sie Rehagel. Und den haben sie eben angemessen bezahlt. Provinz und Amateurstatus müssen also nicht unbedingt zusammengehören. Aber in Neuschloß wird gekleckert, wo geklotzt werden müßte. Fahren Sie also in Gottes Namen nach Frankfurt, sehen Sie sich die Sammlung an. Wenn sie etwas taugt, nehme ich die Sache selbst in die Hand. Wer drei Millionen fordert, ist vermutlich auch mit der Hälfte zufrieden.«

Diese Wendung war überraschend gekommen, denn als ich das Gespräch vorsichtig auf Jan Oncken brachte, hatte Herr Küppers die Augenbrauen hochgezogen und sich vergewissert: Ob ich etwa *den* Jan Oncken meine, »Sudeljan«, wie man ihn hierzulande nenne, den Neuschlosser

Nestbeschmutzer, der aus unerfindlichen Gründen mit seinem Geschmiere und Geschraube anderswo Erfolge gefeiert und in einem seiner unsäglichen Interviews ihn, Curt Küppers, als raff- und ruhmsüchtigen Kulturbanausen und Provinz-Mäzen beschimpft habe? Die Sache schien also aussichtslos zu sein, aber als ich die Bemerkung fallen ließ, die Forderung von drei Millionen sei sowieso unrealistisch, selbst wenn man Onckens leider unbestreitbare Reputation in der Kunstszene veranschlage, spitzte Herr Küppers die Ohren, stieß den Rauch seiner Zigarre nachdenklich in Richtung der *Auslaufenden Krabbenkutter* von Walter Müller-Prielhaus, die nebelschwer und goldgerahmt an der Wand seines Arbeitszimmers hängen, und sprach: »Was drei Millionen kosten soll, kann künstlerisch nicht ganz schlecht sein.«

Und so erschien ich zwei Wochen später in Dr. Schrempfs Frankfurter Galerie, deren Ausstellungsraum mit mehreren großformatigen Acrylbildern Onckens glänzte, die leider nicht zu dem besagten Konvolut gehörten, deren Qualität in Hinsicht auf die Skizzensammlung aber vielversprechend war. Schrempf, ein agiler, schwarz gekleideter Mittfünfziger, der sein spärliches Grauhaar im Nacken zu einem Zopf gebunden hatte, führte mich in sein Magazin und deutete mit pathetischer Geste auf fünf Umzugskartons mit dem Aufdruck *Heute hier, morgen dort – Der Spediteur schafft alles fort.*

»Voilà!« Er zog den obersten Karton vom Stapel, stellte ihn auf dem Boden ab und klappte den Deckel auf.

»5.000 Blätter mindestens. Vielleicht auch 10.000. Eine Riesensache. Allein die wissenschaftliche Aufarbeitung und Katalogisierung würde einen Kunsthistoriker mindestens zwei Jahre beschäftigen. Könnte man gut mit einer ABM-Stelle durchziehen. Hier!« Er griff in den Karton und zog eine Handvoll DIN-A2-Bögen heraus. Kohle- und Rötelskizzen. Unverkennbar Onckens Handschrift. »Entwürfe für *Scorpion Zwo*, von der portugiesischen Regierung in Auftrag gegeben«, erläuterte Schrempf versiert. »Der gute Jan hatte so seine Macken, glaubte an Horoskope und dergleichen. Und mit *Scorpion Zwo* wollte er sozusagen seinem Sternbild ein Denkmal setzen. Die geniale Großskulptur mußte in Lissabon aber schon nach zwei Wochen wieder abgebaut und eingelagert werden, weil damals eine Bügerinitiative ... na ja, Sie wissen schon.«

Ich wußte zwar nicht, nickte aber präventiv und sagte durchaus beeindruckt, daß ich mir für mein Gutachten natürlich einen zumindest flüchtigen Eindruck von der ganzen Sammlung verschaffen müsse, da man schließlich nicht die Katze im Sack ... na ja, Herr Dr. Schrempf wisse ja schon.

»Selbstredend«, sagte Schrempf, »sehen Sie sich die Sachen in Ruhe an. Ich habe gleich einen Termin mit einem Vertreter von Sotheby's. Ich lasse Sie also mit diesen Schätzen allein. Wenn Sie Kaffee möchten, einen Whiskey oder lieber Champagner, sagen Sie Fräulein von Meyerbaum Bescheid. Sie hält in der Galerie die Stellung.«

Als Schrempf verschwunden war und die erfreulich anzuschauende Stellungshalterin mich mit Kaffee versorgt hatte, machte ich mich ans Sichten. Die Skizzen, Entwürfe und Vorarbeiten Onckens waren durchweg interessant und von unbestreitbarer Qualität. Für eine Dauerausstellung kamen sie, von wenigen, detailliert ausgearbeiteten Blättern, die Onckens zeichnerische Fähigkeiten unterstrichen, aber kaum in Frage; dazu waren sie zu vorläufig und zu speziell. Man will schließlich nicht dauernd die Gerüste sehen, sondern den fertigen Bau. Denkbar war eine großangelegte Wanderausstellung, nach deren Abschluß dann ein Archiv anzulegen wäre, in dem die Arbeiten aufgehoben und bei Bedarf zu Forschungszwecken zugänglich gemacht würden. Nicht mehr, aber auch nicht weniger.

Zwischen den Skizzen fanden sich auch stapelweise Papiere, die offenbar zufällig in die Kartons geraten waren, Zeitungsausschnitte mit Berichten über Onckens Ausstellungen, Handwerker- und Zahnarztrechnungen, Versicherungspolicen, Steuererklärungen aus mehreren Jahren, Kino- und Konzertkarten, Einladungen zu Vernissagen und Autorenlesungen – und jede Menge Horoskope, die der sternensüchtige Künstler sich offenbar immer wieder hatte stellen lassen. Ich schätzte, daß diese eher persönlichen und also auszusortierenden Dinge ein Drittel der Sammlung ausmachten, womit Schrempfs Preisvorstellung bereits im Vorfeld konkreter Verhandlungen kräftig zu drücken wäre.

Drei Stunden später erschien Schrempf wieder auf der Bildfläche; ob seine überaus heitere Stimmung einem erfreulichen Verhandlungsergebnis mit dem Londoner Auktionshaus entsprang oder dem Alkohol, dem er offensichtlich zugesprochen hatte, entzieht sich meiner Kenntnis und ist sozusagen auch gar nicht mein Bier. Ich sagte ihm wahrheitsgemäß, daß ich positiv beeindruckt sei und ein entsprechendes Gutachten für Herrn Küppers verfassen werde, der dann gegebenenfalls in weitere Verhandlungen mit ihm, Schrempf, treten würde, monierte jedoch auch gleich das unkünstlerische Drittel des Konvoluts, das von der Sammlung als solcher zu trennen ...

»Unkünstlerisch?« unterbrach mich Schrempf energisch. »Sind Sie von Sinnen? Bei einem Jahrhundertgenie wie Jan Oncken gibt es nichts, nicht den kleinsten Fetzen Papier, der unkünstlerisch wäre. Diese«, er griff nach einer Steuererklärung von 1982, »was ist das denn überhaupt? Ach so, natürlich. Das ist ein hochbedeutendes, äh, Dokument über den Existenzkampf des freien Künstlers auf dem Markt, ein objet trouvé ersten Ranges. Kunst ist, was der Künstler Kunst nennt, was er mit seinem Namen dazu macht. Ich sage nur Warhol. Ich sage Beuys. Wenn eine von Jan Oncken persönlich signierte Steuererklärung keine Kunst sein soll, dann weiß ich nicht, was Kunst ist. Noch an Onckens letztem Abend, kurz bevor er vom Balkon gestürzt ist, haben wir darüber gesprochen, daß gerade dem scheinbar Unbedeutenden höchste Bedeutung zukommt.«

Da es weder meine Aufgabe noch meine Absicht war, mich mit Schrempf über derlei definitorische Subtilitäten der ästhetischen Theoriebildung zu streiten, und ich außerdem noch den ICE erwischen wollte, der natürlich nicht bis Neuschloß fährt, sondern nur bis Hannover, von wo ich den euphemistisch als Regionalexpreß bezeichneten Bummelzug nehmen mußte, ließ ich die Sache im Raum stehen, verwies fürs weitere Procedere auf die alleinige Entscheidungsgewalt des Herrn Küppers und verabschiedete mich.

Den Bericht für die Stiftung, in dem ich unter Berücksichtigung des zu erwartenden nationalen wie internationalen Renommees den Ankauf des Konvoluts für maximal 500.000 DM empfahl, aber auch auf die kunstfremden Anteile sowie auf die Probleme hinwies, die mit einer Ausstellung der Sammlung verbunden sein würden, verfaßte ich noch im Zug. Herr Küppers beschloß daraufhin, die Sache persönlich in Augenschein zu nehmen, besuchte wenige Tage später Dr. Schrempf und teilte mir dann telefonisch die Ergebnisse seiner Verhandlungen mit.

»Guter Mann«, sagte er zufrieden, und ich glaubte schon, er meine mich. »Ein Mann nach meinem Geschmack, dieser Schrempf. Hat zwar einen ziemlich verschrobenen Kunstgeschmack, aber das segelt heute wohl unter modern. Die Sache ist geritzt. Für 1,5 Millionen. Und Zürich guckt in die Röhre.«

»Aber Herr Küppers«, versuchte ich zu intervenieren, »das ist total überbezahlt. Und über das angebliche Angebot aus Zürich weiß man doch gar nichts Genaues. Jedenfalls würde kein Museum der Welt eine solche Summe für Zahnarztrechnungen, Horoskope und Skizzen ...«

»Schon gut, mein Lieber«, beruhigte Küppers mich. »Ich weiß Ihre Bescheidenheit zu schätzen. Aber wir kriegen nicht nur die Sammlung, wir kriegen auch noch Sudeljan persönlich dazu. Beziehungsweise das, was von dem alten Schluckspecht übriggeblieben ist.«

»Ich verstehe nicht recht, Herr Küppers ...«

»Die Asche. Die Urne mit Onckens Asche. Dem verpassen wir hier in Neuschloß auf dem Hiltrudenfriedhof ein Staatsbegräbnis. Erstklassige PR für die Stiftung. Die Asche des verlorenen Sohnes kehrt in die Heimat zurück, so in der Art. Man könnte vielleicht sogar unser Signet auf die Urne ...«

»Aber, Herr Küppers, das kann doch unmöglich im Sinne des Verstorbenen, ich meine, bei Onckens ausgesprochener Abneigung gegen Neuschloß wäre das ...«

»Abneigung? Keine Rede. War wohl alles nur ein Mißverständnis. Schrempf hat mir haarklein erzählt, wie sehr Oncken an seiner Heimatstadt gehangen hat.«

»Gut und schön«, murmelte ich fassungslos, »aber gibt es denn keine Verwandten oder ein Testament, in dem vielleicht ...«

»Nichts dergleichen«, trompetete Küppers. »Und was die zwei noch lebenden Ex-Ehefrauen von Oncken betrifft, so ist es denen völlig egal, wo der Alte begraben wird. War wohl nicht nur ein großer Säufer, sondern auch ein Schürzenjäger, wie er im Buche steht. Wird mir posthum fast noch sympathisch, der gute Sudeljan. Na ja, alte Neuschlosser Schule sozusagen ...«

»Aber«, stammelte ich, »aber die Sammlung selbst. Ich meine, das kann man doch nirgends ausstellen. Bei den Massen bräuchte man ja ein eigenes Museum.«

»Sie sagen es«, sagte Küppers munter. »Dann muß eben

ein eigenes Museum gebaut werden. Hab schon den richtigen Architekten dafür im Kopf, diesen Dings, äh, Dressler.«

»Ein eigenes ...« Mir verschlug es die Sprache.

»Genau. Damit wir auch Platz haben für diese, Moment, wie hat Schrempf das Zeugs genannt, die Horoskope und so weiter?«

»Objets trouvés vermutlich«, vermutete ich.

»Genau das«, sagte Küppers. »Kunst ist, was der Künstler Kunst nennt, was er mit seinem Namen dazu macht. Ich sage nur Warhol, mein Lieber. Und daß eine von unserem Sudeljan persönlich signierte Steuererklärung Kunst ist, leuchtet mir viel eher ein als die grauenhaften Plastiken, die er überall in die Welt gesetzt hat. Apropos, das hätte ich fast vergessen: Wir kriegen auch noch eins von diesen Dingern, als Zugabe sozusagen; nicht mein Geschmack, aber was soll's? Hat mal in Madrid oder sonstwo gestanden, und da wird sich ja wohl in Neuschloß allemal ein Platz für so ein epochales Werk finden. Großstadt ist Großstadt. Wird demnächst hertransportiert. Nennt sich Marmor, Stahl und Eisen, glaube ich.«

Scorpion Zwo, murmelte ich wie in Trance. »Neuschloß, Lissabon ...«

»So ist es«, sagte Küppers. »Das Teil wertet doch auch die ganzen Horoskope enorm auf. Wir werden demnächst einen Festakt veranstalten, auf dem ich die Sammlung der Stadt schenke, kombiniert mit dem Begräbnis; bereiten Sie schon mal alles vor. Mit unseren Politikern rede ich selbst.« Dann legte er auf.

Ich starrte in die realistische Rechtschaffenheit des »Gewitters über der Marsch«. Über Küppers' Kunstgeschmack läßt sich streiten; über sein zupackendes Naturell nicht. Von Schrempf hatte er sich zweifellos einwickeln lassen, und dennoch keimte jetzt in mir Respekt, wenn nicht gar Ehrfurcht vor der mäzenatischen Statur des Curt Küppers auf. Ein eigenes Museum ... Der Bau würde mindestens 15 Millionen Mark verschlingen, aber der Name Curt Küppers würde vernehmlicher klingen und heller strahlen als je zuvor.

Unverzüglich machte ich mich daran, eine sachliche Presse-Erklärung der Stiftung zu verfassen und an die Neuschlosser Presselandschaft zu verteilen, die, unter uns gesagt, jenen Tiefebenen gleicht, die Emil Sommer nimmermüd' malte, besteht sie doch lediglich aus dem *Nordkurier* sowie zwei Anzeigenblättern. Details sollte ich nicht nennen; die wollte Herr Küppers auf dem Festakt persönlich ausbreiten, was dann vierzehn Tage später auch geschah. Die Veranstaltung fand im großen, gut besuchten Saal des OHIO statt. Auf dem Podium saßen Curt Küppers, Dr. Schrempf in Begleitung seiner aparten Assistentin Fräulein von Meyerbaum, der Neuschlosser Oberbürgermeister, der Kulturdezernent und, ganz außen, meine Wenigkeit. Ich hatte dafür gesorgt, daß Onckens Sammlung aus den Umzugskartons in Weinkisten umgelagert worden war, die mit schwarzem Samt ausgeschlagen waren. Auf einem ebenfalls mit Samt drapierten Tischchen stand die Urne mit Onckens Asche, die zwei Ölzweige, ein stilisierter Skorpion und das dezente Signet der Stiftung zierten. Ein paar besonders eindrucksvolle Blätter hatte ich rahmen und an den Wänden des Saals aufhängen lassen – auf Küppers' Drängen hin auch eine Steuererklärung und zwei Horoskope.

Dr. Schrempf sprach als erster, indem er eine redselige Einführung in Leben und Werk des Jahrhundertgenies Jan Oncken gab und dabei mehrfach auf dessen angeblich unverbrüchliche Heimatliebe zu sprechen kam. Ihm, Schrempf, sei es überaus schwergefallen, sich von der Sammlung seines besten Freundes, des »lieben Jan«, zu trennen, aber er habe sich dessen letztem Wunsch nicht entziehen können. Das Kaufangebot der Stadt Zürich habe er ausschlagen müssen, um dies gewaltige Werk in jene Hände zu legen, in die es gehöre.

Der Kulturdezernent war als nächster an der Reihe. Er fing den von Schrempf gespielten Ball auf und nannte den Vorgang »einen kulturellen Gewinn ungeheuren Ausmaßes für Neuschloß, zugleich eine Riesenblamage für die Stadt Zürich«. Abgesehen von der Sammlung selbst sei natürlich die Aussicht auf ein neues Museum für die Stadt von besonderer Bedeutung. Es werde den Kern der Kunstlandschaft Neuschloß samt Region im Expo-Jahr 2000 bilden, und im Zusammenhang mit der Großplastik aus Lissabon werde man die Stadt Hannover in den Schatten stellen. Hier knatterte begeisterter Beifall im Saal auf.

Dann ergriff Curt Küppers das Wort. Er wolle sich kurz fassen, sei es doch eine Neuschlosser Tugend, statt

Worten Taten sprechen zu lassen. Er schenke die Sammlung Oncken hiermit der Stadt, und zwar um so lieber, als seine Anregung, ein neues Museum nach Entwürfen seines Freunds Godehard Dressler zu bauen, von den Verantwortlichen wohlwollend aufgenommen worden sei. Die finanzielle Belastung, die damit auf die Stadt zukomme, werde sich langfristig zweifellos rentieren, zumal jeder kunstverständige Mensch wisse, daß kulturelle Leistungen mit Geld nicht aufgewogen werden könnten. Bei diesen Worten begannen Oberbürgermeister und Kulturdezernent aufgeregt miteinander zu flüstern; es war klar, daß sie, genau wie auch ich, Küppers' offenbar bewußt vage gehaltenen Andeutungen über ein neues Museum so verstanden hatten, daß nicht die Stadt, sondern die Stiftung den Bau bezahlen würde.

Der Oberbürgermeister, der, nachdem der Beifall über Küppers' knappe Ausführungen verrauscht war, zu reden hatte, wischte sich den Schweiß von der Stirn, sortierte nervös die Karteikarten um, auf denen er sich Stichworte notiert hatte, fing sich aber, las den vorformulierten Dank stockend vom Blatt, blickte nochmals zum Kulturdezernenten, der ihm aufmunternd zunickte, und extemporierte dann, daß die Pläne für das Jan-Küppers, pardon, das Jan-Oncken-Museum an und für sich »fix und fertig« seien; denkbar sei beispielsweise eine Umquartierung des Arbeitsamtes, so daß die historischen Räume des Thronfolgerpalais' möglicherweise ..., beziehungsweise sei ja notfalls auch noch Platz in den Ausstellungsräumen des Schlosses, obwohl, nein, da wolle er an dieser Stelle nicht vorgreifen, sondern zuerst einmal mit dem zuständigen Museumsdirektor beziehungsweise der Bezirksregierung und natürlich auch dem Kultusministerium in Hannover, wo ja die eigentliche Verantwortung liege, zumal der Architekt beziehungsweise eine Einbindung in den architekturhistorischen Studiengang der Universität im Hinblick auf den Neuschlosser Hühnerstall ... Hier kam er vollends ins Schleudern, fing sich aber mit der Routine eines Berufspolitikers überraschend schnell wieder. Kurz und gut, sagte er fest, was noch fehle, sei lediglich das Geld, aber man habe potentielle Finanziers bereits im Blick. »Wozu«, sagte er, sichtlich nach Worten ringend, »wozu gibt es schließlich eine ...«, wieder zögerte er, bis ihm die Erleuchtung kam und er wie beiläufig sagte: »... eine, jawohl, eine Toto-Lotto-Stiftung?«

Dann fiel er schwer und schwitzend auf seinen Stuhl zurück, während sich Curt Küppers erhob und mit würdevoll-öligem Tremolo in der Stimme alle Anwesenden aufforderte, nunmehr den großen Jan Oncken auf seinem letzten Gang zu begleiten und in heimatlicher Erde zur Ruhe zu betten. Die Grabstelle auf dem nahe gelegenen Hiltrudenfriedhof, zu der sich jetzt fast die gesamte Versammlung auf den Weg machte, hatte ich vorbereiten lassen: ein schlichter Granitstein mit Onckens Namen und Lebensdaten, der stilisierte Skorpion und darunter das Signet der Stiftung. Als wir den Saal verließen, hörte ich, wie das Handy von Herrn Küppers piepte; er zog es aus der Jackentasche, trat ein paar Schritte beiseite, schüttelte mit dem Kopf, sagte ein paar Worte und winkte mich zu sich.

»Die Skulptur«, flüsterte er mir zu, »dieses Marmor-, Stein- und Eisen-Teil ist angekommen. Aus Lissabon.«

»Was denn, heute schon?« wunderte ich mich. »Das sollte doch erst übermorgen angeliefert werden.«

»Der Fahrer ist wahrscheinlich non stop durchgebrettert«, sagte Küppers. »Zeit ist Geld. Der Sattelschlepper steht jetzt mitten auf dem Rindermarkt im Gegenverkehr, weiß nicht wohin mit dem Zeugs und verursacht ein Verkehrschaos. Kümmern Sie sich mal darum. Sudeljan selig kriegen wir auch ohne Sie unter die Erde.«

Auf dem Rindermarkt, einer etwas großspurig als Verkehrsknotenpunkt bezeichneten Großkreuzung, war der Lastzug in Gegenrichtung in eine Einbahnstraße abgebogen; zurückzumanövrieren war er nicht mehr in der Lage, so daß die herbeigeeilte Polizei die Einbahnstraße sperren mußte. Der portugiesische Fahrer schwankte zwischen südländischer Gereiztheit und Übermüdung. Ich erklärte der Polizei den Sachverhalt, kletterte neben dem Fahrer ins Führerhaus und dirigierte ihn auf den Großparkplatz an der Jadebusen-Halle. Entladen werden konnte die zerlegte Skulptur, deren Einzelteile, wie ich aus Onckens Skizzen wußte, immerhin noch bis zu zehn Metern Länge aufwiesen, hier allerdings nicht.

Aus einer Telefonzelle rief ich also Herrn Küppers Handynummer an, auch wenn ich damit die Trauerfeierlichkeiten stören sollte. Man war jedoch, wie ich aus den Geräuschen schloß, bereits zum gemütlichen Teil übergegangen, einem Essen im Ratskeller. Als ich fragte, wohin die Skulptur verbracht werden solle, blaffte mich Herr

Küppers ziemlich ungnädig an, das hätte ich mir vorher überlegen sollen, wurde dann jedoch gleich wieder konziliant, wechselte mit einigen Anwesenden ein paar Worte, die ich aber nicht verstand, und sagte dann, ich solle den Lastzug zum Schloßplatz dirigieren; dort werde in Kürze eine Einheit des Technischen Hilfswerks zum Entladen erscheinen.

»Auf den Schloßplatz?« fragte ich ungläubig. »Aber dann ...«

»Kein Aber«, bestimmte Küppers, »dann ist das Ding auch gleich an Ort und Stelle. Sie sind mir verantwortlich, daß kein Schräubchen fehlt.«

Und so verbrachte ich den Abend mit den wackeren Männern vom THW, deren Einsatzbereitschaft wohl erstmals im unmittelbaren Sinne der Kunst diente, mit den Einzelteilen von *Scorpion Zwo*. Zwar schien es mir völlig ausgeschlossen, daß die Skulptur, die aufgebaut Riesenradformat haben würde, auf dem altehrwürdigen Schloßplatz ihren endgültigen Standpunkt finden könnte, womit ich übrigens recht behalten sollte, aber Herrn Küppers' Wünsche waren mir damals noch Befehl. Dennoch regte sich in dieser kalten und verregneten Nacht, in der ich auf dem Schloßplatz fror und Curt Küppers und Dr. Schrempf sich im Ratskeller feiern ließen, in mir erstmals ein gewisser Unmut über meine Rolle als ausführendes Organ der Stiftungsumtriebe.

Als ich morgens um halb zwei ins Bett fiel, befand sich der *Nordkurier* bereits im Druck, so daß ich am nächsten Tag nicht nur einen Bericht über den Festakt im OHIO und die Beisetzung von Onckens Urne zu lesen bekam, der besonders das Versprechen unseres Oberbürgermeisters hervorhob, ein neues Museum zu bauen, sondern in der Kolumne »Stadtgeflüster« auch noch etwas von dem erfuhr, was mir im Ratskeller entgangen war. Unter der Überschrift »Männerbund mit Bourbon-Siegel« hieß es dort wörtlich: »Ein Blick genügte, und sie erkannten sich als Wahlverwandte: Der Frankfurter Galerist und Kunstsammler Dr. Heribert Schrempf und Neuschloß' unermüdlicher Kunstmäzen Curt Küppers. Schon bei Jan Onckens Beisetzung waren sich die Männer einig: ›Bei uns stimmt die Chemie‹. Der harte Businessman mit ›Telefonitis‹ und der feinsinnige Kunstsammler ohne Auto! Doch solch scheinbare und oberflächliche Gegensätze werden von einer gemeinsamen flüssigen Leidenschaft hinuntergespült: Beide teilen die Vorliebe für Whiskey. Was lag da näher, als den Freundschaftspakt mit einem oder zwei Bourbon im Ratskeller zu begießen. Beim Festmahl zur Übergabe der Oncken-Sammlung stießen beide auf das ›Du‹ an. Wenn auch im Whiskey Wahrheit liegt, und wenn Neuschloß Casablanca wäre, könnte man mit Humphrey Bogart vom ›Beginn einer langen Freundschaft‹ sprechen.«

Das Zitat aus Casablanca ist ungenau, und die drei grammatischen Fehler, die dieses Meisterstück investigativen Gesellschaftsjournalismus' enthielt, habe ich stillschweigend korrigiert; mit dem *Nordkurier* legt man sich in Neuschloß nämlich lieber nicht an. Ich komme mir bereits ziemlich mutig vor, die Zeitung an dieser Stelle überhaupt zu zitieren; denn das ist zumeist das Schlimmste, was man ihr antun kann. Ich war mir allerdings sicher, daß die beiden Duz- und Kunstfreunde ihre gemeinsame Leidenschaft für Whiskey bereits entdeckt hatten, als Küppers damals Dr. Schrempf in Frankfurt aufgesucht hatte, und ich vermute, daß diese Leidenschaft auch Küppers' Vorsätze weggespült hatte, den Preis für die Sammlung zu drücken. Und der herrliche Satz, »wenn Neuschloß Casablanca wäre«, paßte am Ende auch noch irgendwie trefflich ins Bild beziehungsweise in die Sammlung. New York, Lissabon, Casablanca, Zürich, Neuschloß ...

Nach Lektüre dieses Artikels, dem auch noch ein Foto der sich zuprostenden Partner beigefügt war, verfestigte sich in mir der Gedanke, daß ich als Sekretär der Stiftung möglicherweise eine Fehlbesetzung sein könnte.

Gekündigt habe ich später. Zuvor hatte ich noch das zweifelhafte Vergnügen, als Stiftungsvertreter an diversen Sitzungen, Meetings, Konferenzen und informellen Treffen teilzunehmen, die sich im Gefolge des ebenso vollmundigen wie voreiligen Versprechens des Bürgermeisters ergaben. Seine Ankündigung, mit welchem und wessen Geld auch immer ein Museum zu bauen, weckte in Neuschloß sozusagen die schlafenden Hunde, und zwar gleich rudelweise. Ich möchte niemanden, nicht einmal mehr mich selbst, mit den Briefwechseln, Protokollen und Gesprächsnotizen all dieser Treffen langweilen, sie füllen inzwischen fünf Aktenordner, die in meinem ehemaligen Büro vor sich hinstauben; vielleicht kommt Dr. Schrempf ja eines Tages auf die Idee, auch dieses Konvolut zum objet trouvé zu adeln und der Onckenschen Sammlung hinzuzufügen. Meinen Segen hätte er. Zusammenfassend möchte ich hier lediglich die unterschiedlichen Positionen umreißen, die sich im Gezänk um das real gar nicht existierende Museum abzeichneten.

Das Museum für Kultur und Geschichte plädierte dafür, im Neubau nicht nur die Sammlung selbst zu zeigen, sondern einen Extratrakt zu errichten, in dem die heimatkundlichen Ausstellungen Platz finden sollten, die sich bislang noch im Schloß so breit machen, daß die tatsächlich bedeutende, großherzogliche Gemäldegalerie im Archiv verschimmeln muß. Gegen dieses Ansinnen verwahrte sich der BPNB (Bund für die Pflege Neuschlosser Brauchtums) energisch, da es seinen Mitgliedern und Förderern nicht zumutbar sei, beim Museumsbesuch mit Arbeiten jenes Mannes konfrontiert zu werden, der als Nestbeschmutzer in die Geschichte Neuschloß' eingegangen sei und dessen sogenannte Werke bestenfalls eine modernistisch gesinnte Minderheit interessieren würden. Der Konflikt schien freilich beigelegt, als sich sukzessive herausstellte, daß ein Neubau aus sehr schlichten und sehr handfesten Gründen grundsätzlich unrealisierbar war: Die Stadt ist pleite. Das Land ist bankrott. Und die Toto-Lotto-Stiftung, auf die der Bürgermeister so spontan gesetzt hatte, winkte dankend ab.

In diesem Falle, drohte nun aber Curt Küppers, werde die Stiftung ihre Schenkung rückgängig machen; man habe bereits außerordentlich positive Signale aus Zürich, die

Sammlung doch noch anzukaufen. Derart aufgeschreckt, belebte die Stadt ihr altes Denkmodell wieder, das Arbeitsamt aus dem Thronfolgerpalais auszulagern, das Palais zu renovieren und als Museum herzurichten, wodurch der Streit, wer dann welche Flächen mit welchen Ausstellungen belegen dürfe, mit ungewohnter Heftigkeit wieder angefacht wurde.

Man drehte sich also in jeder Hinsicht im Kreise. Monatelang. Jahrelang. Und man dreht sich immer noch im Kreise. Und da auch das Angebot aus Zürich offenbar weniger konkret als behauptet war, machte sich Curt Küppers wieder einmal seine eigenen Gedanken.

»Irgend etwas muß passieren«, sagte er zu mir, »die Presse schreibt sich zwar die Finger wund wegen dieser Museumssache, aber wir werden gar nicht mehr erwähnt. Undankbares Pack. Wir machen das jetzt in eigener Regie. Ein Museum kann ich denen natürlich nicht bauen. Großstadt ist Großstadt, wohl wahr. Aber ein Curt Küppers ist schließlich kein Rockefeller, leider. Außerdem muß in meinem Gestüt kräftig um- und ausgebaut werden. Da kommt demnächst noch einiges auf Sie zu. Die Sammlung mit der Pferdemalerei müßte auch endlich öffentlich gemacht werden. Aber erst muß die Stadt selber mal in die Hufe kommen. Vielleicht kann man das Gestüt auch zum deutschen Kulturerbe oder dergleichen ausrufen. Zuerst finden Sie aber mal heraus, in welchem Haus der olle Sudeljan seine Kindheit verbracht hat. Wir kaufen den Schuppen und richten da eine Gedenkstätte ein, meinetwegen mit Archiv. Irgendwo muß das Zeugs untergebracht werden. Papier ist geduldig, jedenfalls geduldiger als ich. Das ist zwar nur eine kleine Lösung, aber besser als gar keine.«

Die Adresse herauszufinden, an der Oncken damals gelebt hatte, war kein Problem. Das Problem bestand darin, daß das Haus, der gute, alte Hühnerstall mit der Nummer 9, nicht mehr existierte, sondern nur noch der Aldi-Parkplatz.

»Immobilienhaie«, empörte sich Herr Küppers, als ich ihm die Nachricht durchgab. »Kulturlose Gesellen.«

»Durchaus, Herr Küppers«, gab ich ihm ein letztes Mal recht, »leider handelt es sich beim Eigentümer der betreffenden Grundstücke um die Immobilien GmbH & Co. KG Residenz, und meines Wissens nach sind Sie selbst Teilhaber dieser Firma.«

»Großer Gott, ja, ich erinnere mich«, stöhnte Küppers. »Den Deal mit Aldi konnte man einfach nicht ausschlagen. Und wer wußte denn schon, daß es sich ausgerechnet um Onckens Bruchbude handelte. Das hat doch keinen Menschen interessiert. Läßt sich jetzt auch nicht mehr ändern. Ich hab da aber schon eine Idee, wie wir der Sache noch einen würdigen Dreh geben.«

Und so kam es, daß der Architekt Godehard Dressler zwar kein Museum bauen durfte, aber immerhin jenen Schaukasten mit dem Foto von Jan Onckens Elternhaus. Die Sammlung Oncken lagert derzeit übrigens im Magazin des Museums für Kunst und Geschichte, in trauter Nachbarschaft zu den unschätzbaren Hinterlassenschaften unseres kunstsinnigen Großherzogs. Vielleicht wird die Sammlung dort noch lange lagern. Und warum auch nicht? Papier ist, um noch einmal Curt Küppers zu zitieren, geduldig. Die schönen Gemälde ertragen es schließlich auch klaglos, daß sie niemand zu sehen bekommt. Leinwand ist noch geduldiger als Papier.

Zu erwähnen wäre noch das Schicksal der Skulptur *Scorpion Zwo*. Nachdem ihre Einzelteile einige Tage auf dem Schloßplatz herumgelegen hatten, hagelte es Proteste von Anwohnern und Geschäftsleuten. In einem Leserbrief an den *Nordkurier* wandte sich ein gewisser Pfarrer Findeisen sogar vehement gegen das Aufstellen der Plastik, da diese dem grassierenden Sternen-Aberglauben Vorschub leiste. Ein Aufbauversuch auf der Verkehrsinsel am Rindermarkt scheiterte, weil offenbar einige tragende Teile fehlten; außerdem stellte sich heraus, daß die Verkehrsinsel viel zu klein für das gewaltige Monument war. Mein Vorschlag, das monströse Teil auf Küppers' Gestüt aufzubauen, um damit seiner Idee vom Kulturerbe Nachdruck zu verleihen, lehnte er entsetzt ab: »Macht mir doch bloß die Schimmel scheu.«

Das geniale Sternzeichen-Kunstwerk lagerte noch ein Jahr auf dem Hof einer Spedition, bis Curt Küppers wieder einmal einen seiner mindestens ebenso genialen Einfälle hatte. Er schenkte *Scorpion Zwo* der Stadt Hannover, als Neuschlosser Beitrag zur Expo 2000, was der Stiftung allerlei überregionale Presseresonanz und einen Festakt im Hannoverschen Landtag einbrachte. Während des anschließenden Banketts flüsterte mir Herr Küppers in bester Laune zu, dies Geschenk sei die Rache für die Demütigung, daß nicht Neuschloß, sondern Hannover zu

Niedersachsens Hauptstadt wurde. Dort hat meines Wissens noch niemand Anstalten gemacht, die Skulptur aufzustellen.

Ich verfasse diesen Bericht sozusagen auf gepackten Koffern. Nächste Woche reise ich nach Zürich ab, wo ich meine neue Stelle als Leiter einer bedeutenden Kunstgalerie antreten werde. Es handelt sich übrigens um eine Filiale der Frankfurter Galerie Schrempf, die seit dem Verkauf der Onckenschen Sammlung floriert und expandiert. Vermutlich werde ich mich bis auf weiteres nicht einmal mit Dr. Schrempfs schrägem Kunstgeschmack auseinanderzusetzen haben. So lange jedenfalls nicht, wie der alerte Galerist seine Haftstrafe absitzt – wegen »Totschlags im Affekt« an Jan Oncken.

Sabine Thomas

Die Königin der Nacht

Seufzend durchblätterte sie die neueste Ausgabe ihrer Lifestyle-Bibel *Bunte*. Woche für Woche fieberte sie dem neuesten Klatsch und Tratsch aus dem glitzernden Jet-set-Leben der Schönen, Reichen und Berühmten entgegen. Den Werbeslogan des High-Society-Magazins empfand sie als glatten Hohn: *Schade, daß Sie nicht dabei waren!*

Ja, wirklich schade ...

Sie schloß die Augen und gab sich ihren Tagträumen hin: *Ein Mann, eine Frau, ein Flirt. Liebe, Lust und Leidenschaft. Ein Haus, ein Auto, ein Boot. Genauer: Eine Villa mit Park, ein Haus auf Mallorca, mehrere Luxus-Karossen und eine schneeweiße Segelyacht an der Côte d'Azur. Memberships in elitären Golf-, Tennis-, und Segelclubs. Einladungen zu Vernissagen, Dinner-Parties und Gala-Empfängen. Goldene Kreditkarten ohne Limit. Nie wieder arbeiten. Nur noch shopping, living, travelling. Ein Society-Salto nach oben, ein Luxusleben in first class. Dolce vita pur ...*

Ungeduldig drückte sie zum tausendsten Mal die Wahlwiederholung. Freizeichen. Der Anrufbeantworter ihrer Astrologin war immer noch ausgeschaltet. Sie ließ es klingeln, bis die Verbindung automatisch unterbrochen wurde, obwohl sie längst wußte, daß niemand den Hörer abheben würde. »Verdammt! Warum geht sie nicht ans Telefon?«

Insgeheim kannte sie die Antwort. Beim letzten Mal

hatte sie ihre Astrologin wieder einmal wütend angefaucht, als diese sie vor ungünstigen kosmischen Einflüssen und schwierigen Planetenkonstellationen gewarnt hatte. Als ob die Astrologin etwas dafür könnte. Immer wieder hatte sie die Seherin bedrängt, nochmals die Karten zu legen, das Horoskop nochmals neu zu berechnen. Nichts hatte sich verändert. Von Mal zu Mal hatte sich ihre Wut gesteigert. Sie wußte, daß sie ungerecht war. Aber so war sie nun einmal, und das müßte doch auch die Astrologin verstehen. Schließlich war sie die Fachfrau für Sternzeichen.

Dabei hätte es beinahe eine große Freundschaft werden können zwischen der temperamentvollen Skorpionin und der sensiblen, medial veranlagten Star-Astrologin, die im Sternzeichen Krebs geboren war. Gleich bei der ersten Sitzung in der vollgestopften Altbauwohnung in München-Schwabing waren sie einander sympathisch gewesen. Kosmisch bedingt, sozusagen. Und so hatte die Skorpionin mit wachsender Begeisterung der Astrologin bei der Arbeit zugesehen: Wie sie anhand ihres Geburtsdatums, der exakten Geburtszeit, des Ortes und diverser Tabellen ihr Horoskop errechnete, indem sie zahlreiche Daten, geheimnisvolle Zeichen und Symbole in eine kreisrunde Schablone eintrug und diese miteinander verknüpfte, bis sich am Schluß ein bizarres Muster ergab. Das also war ihr Leben, ihr Schicksal, ihre Zukunft.

Sie hing förmlich an den Lippen der Astrologin, als diese begann, das kosmische Wirrwarr zu entschlüsseln. Unglaublich, was sie zu Tage förderte. Es stand alles in den

Sternen: der frühe Tod der Mutter, die ständigen Umzüge zwischen Omas, Tanten und sonstigen Verwandten, sogar die ständig wechselnden Jobs und Beziehungskisten.

Die Astrologin wußte alles von ihr. Ihr konnte sie nichts vormachen. Sie war eine Art Dolmetscherin der Sterne, nicht mehr und nicht weniger, und dafür wurde sie schließlich fürstlich entlohnt.

Bei der ersten Astro-Sitzung ließ die Skorpionin ungeduldig ihr bisheriges, chaotisches Leben Revue passieren. Das war alles gestern, aus und vorbei, abgehakt. Sie war fest entschlossen, ihr eintöniges Leben zu ändern. Und zwar drastisch.

»Sie fühlen sich zu Größerem berufen«, bestätigte die Astrologin. »Sie wollen die Karriereleiter im Sturm erklimmen. Sie träumen von einem Luxusleben an der Seite eines attraktiven und erfolgreichen Mannes. Sie wollen in diesem Leben alles erreichen: Erfolg, Liebe, Reichtum und Macht.«

»Und zwar sofort!« hatte die Skorpionin spontan ausgerufen und dabei lauthals gelacht. Den merkwürdigen Blick ihrer Astrologin hatte sie nicht bemerkt. Oder sich zumindest keine Gedanken darüber gemacht. Wozu auch. Ihr war es völlig egal, was andere Leute von ihr dachten.

Von diesem Tag an hatte die Skorpionin die Astrologin beinahe täglich konsultiert, meist telefonisch, bis sie beschloß, ihr Schicksal selbst in die Hand zu nehmen. In einem mit Räucherstäbchen-Duft geschwängerten Esoterik-Shop in einer kleinen Schwabinger Seitenstraße erstand sie einen Satz Tarot-Karten und war seither geradezu besessen davon, die Zukunft daraus zu lesen. Und sei es nur für die nächsten paar Minuten.

Immer tiefer tauchte sie in die Materie ein, bis sie geradezu süchtig wurde nach Prophezeiungen. Sie schnitt sorgfältig Horoskope aus Tageszeitungen und Illustrierten aus, klebte sie ins Tagebuch und wartete darauf, daß etwas geschah. Manchmal trafen die Vorhersagen sogar ein: Sternstunden für die Skorpionin, an denen sie sich trotzig festhielt, wenn die Prognosen sich dann wieder einmal als falsch erwiesen. Denn wehe, ein Horoskop lag einmal gründlich daneben! Dann schleuderte sie ihr Tagebuch quer durchs Zimmer und verfluchte den Verfasser bis in alle Ewigkeit. Sie schrieb gepfefferte Beschwerdebriefe an die Chefredaktionen der Illustrierten und wunderte sich, daß sie darauf nie eine Antwort erhielt. Nur ihren Karten verzieh sie jede noch so haarsträubende Ungenauigkeit. Es war eben alles eine Frage der Interpretation.

Nächtelang probierte sie in ihrem winzigen Einzimmerapartment ein Orakel nach dem anderen aus. Sie traf keine Entscheidung mehr ohne ihr Pendel. Wenn das Telefon klingelte, hielt sie das Pendel drüber. Je nachdem, in welche Richtung das Medium ausschlug, hob sie den Hörer ab oder schaltete den Anrufbeantworter ein. Die Astrologin hatte sie darauf hingewiesen, daß das Pendel doch eine recht unsichere Sache sei, was Vorhersagen angehe. »Das Unterbewußtsein beeinflußt die Muskulatur. Mit Willenskraft kann man das Pendel in jede beliebige Richtung steuern.«

Egal – die Skorpionin glaubte fest an ihr Pendel und trug es ständig bei sich. Sogar in Restaurants holte sie es hervor, um die Speisen vor dem Verzehr auszupendeln. Wenn das Pendel heftig nach links ausschlug, ließ sie das Essen zurückgehen.

Bei einem ihrer regelmäßigen Besuche in dem Esoterik-Shop, bei dem sie sich zwischen Büchern, Kristallkugeln und ähnlichem Schnickschnack stundenlang im Reich des Okkultismus verlor, entdeckte sie das Werk von Aleister Crowley. Dem berühmt-berüchtigten englischen Großmeister der Schwarzen Magie. Danach kaufte sie alles, was sie von ihm kriegen konnte: seine Biographie, das von ihm verfaßte Standardwerk *Black Magic Rituals* und ein spitzes, fünfzackiges Pentagramm aus Silber, das sie von diesem Moment an als Talisman ständig um den Hals trug. Aleister Crowley war schon lange tot – aber das machte nichts. Die Skorpionin war wild entschlossen, mithilfe seiner uralten schwarzmagischen Rituale dem Schicksal ein wenig nachzuhelfen, falls sich jemand ihrem großen Plan in den Weg stellen sollte.

Die Astrologin warnte sie eindringlich vor dem Spiel mit den dunklen Mächten.

»Laß die Finger davon!« beschwor sie ihre neue Freundin. »Das Pentagramm ist das Symbol des Bösen. Schwarze Magie ist sehr gefährlich.«

Das stachelte die Skorpionin nur noch mehr an. Gefährlich – genau das sollte es ja sein! Mit Kinderkram wie Kaffeesatz oder dem chinesischen I-Ging-Orakel gab sie sich gar nicht erst ab. Schließlich ging es um ihre Zukunft, um ihr Leben. Und das war das einzige, was für sie zählte. Sie wollte alles, und zwar sofort.

Ungeduldig wartete die Skorpionfrau auf die Erfüllung ihres Plans. Aber es war wie verhext – nichts geschah. Im Gegenteil – sie hatte das Gefühl, daß sich die Mächte der Finsternis gründlich gegen sie verschworen hatten. Oder wie war es sonst zu erklären, daß ihr innerhalb von kürzester Zeit mehrmals der Computer abstürzte, die Kaffeemaschine endgültig den Geist aufgab und zahllose Rechnungen und Mahnungen ihren Briefkasten überfluteten? Aber das Aller-Allerschlimmste war, daß beim Kartenlegen auf einer Parkbank ein plötzlicher Windstoß ihr Schicksal gehörig durcheinandergewirbelt hatte und ausgerechnet die für Erfolg zuständige Tarot-Karte der »Sechs Scheiben« davongesegelt war – und zwar mitten in die reißenden Fluten der Isar, die genau an diesem Tag Hochwasser führte. Das ging doch alles nicht mit rechten Dingen zu.

Rasend vor Wut rief sie immer wieder die Astrologin an, Tag und Nacht.

»Wann erfüllt sich denn endlich mein Plan?«

Die Astrologin zögerte. »Geduld – die Sterne stehen momentan nicht günstig ...«

»Scheiß-Sterne!« schrie die Skorpionin und knallte erbittert den Hörer auf. Eine Zigarettenlänge später rief sie nochmals an. »Was für ein Sternzeichen hat mein Traummann?«

Die Astrologin übte sich in Geduld und Diplomatie. Das Problem war, daß den gehobenen Ansprüchen der

Skorpion-Frau so gut wie kein Mann gewachsen war – egal, welchem Sternzeichen er angehörte.

»Skorpione harmonieren in der Regel mit Krebsen und Fischen«, antwortete sie vorsichtig.

»Wann treffe ich ihn? Und wo?«

»Wie gesagt, für dich stehen die Sterne zur Zeit nicht ...«

Das Telefon zersplitterte.

Aber dann schienen die Sterne sich plötzlich zu ihren Gunsten zu ändern. Ihr Lieblingshoroskop in der *Bunten* hatte ein Einsehen. *SKORPION: Endlich ist es soweit. Ihre Träume könnten bald in Erfüllung gehen. Lassen Sie Ihr Ziel nicht aus den Augen.*

Ein paar Seiten weiter wurde das Society-Event des Jahres angekündigt: *Sommernachtstraum unter Sternen: Die rauschende Ballnacht am Starnberger See. Der für seine zahlreichen Extravaganzen bekannte Multi-Millionär XY lädt wie jedes Jahr Top-Gäste der A-Klasse zu einem rauschenden Sommernachts-Fest auf sein Schloß. Auf der hochkarätigen Gästeliste steht die Crème de la Crème der Society: Stars und Promis aus Film, Funk und Fernsehen, Geldadel und richtige Blaublüter, Super-Models und Beauty-Queens, bekannte Schönheits-Chirurgen und Promi-Anwälte, Top-Figaros und Mode-Designer, kurzum: Das Who-is-Who der Schönen und Reichen.*

Das konnte kein Zufall sein: Hier würde sich ihr Plan erfüllen. Dieses Event durfte sich die Skorpionin nicht entgehen lassen – koste es, was es wolle.

Tagelang überlegte sie fieberhaft, wie sie eine der heißbegehrten Einladungen ergattern könnte. Sie durchforstete die exklusivsten Nobel-Boutiquen der Stadt nach einem passenden Outfit und erstand bei *All About Eve* eine sündhaft teure Designer-Robe, für die sie ihr Konto bis zum Anschlag überzog.

Nur die Astrologin weihte sie in ihren Plan ein und bat unverblümt um Rat. »Wie angelt man sich einen Millionär?«

Die Astrologin zeigte sich zurückhaltend und erstaunlich undiplomatisch. »Es ist noch nicht soweit«, sagte sie nach einem langen Blick in Karten, Kaffeesatz und Kristallkugel. »Um die Wahrheit zu sagen: Es ist unmöglich.«

Daraufhin war die Skorpionin ausgerastet und hatte getobt. Seitdem herrschte Eiszeit zwischen den ehemaligen Astro-Freundinnen.

Aber nichts, nicht einmal die Sterne, konnte die Skorpionin von ihrem einmal gefaßten Entschluß abbringen. Sie hatte sich fest vorgenommen, ihren Plan durchzuziehen. Laut Statistik war Starnberg der Landkreis in Deutschland mit der höchsten Millionärsdichte pro Quadratkilometer, da würde doch wohl einer für sie dabeisein, der nicht nur charmant, gutaussehend und erfolgreich, sondern auch Single war.

Die Skorpionin lebte nach der Devise: Nichts ist unmöglich! Noch vor der Fahrt legte sie sich die Karten, die ihr wohlgesonnen waren. Und das aktuelle *Bunte*-Horoskop verhieß einen ereignisreichen Abend, der ihr Leben verändern würde. Und so fuhr sie am Abend des großen Events mit einem nagelneuen Porsche Cabriolet zum SIXT-Weekend-Tarif von München Richtung Starnberg.

Auf der Autobahn taxierte sie die vorbeirauschenden Limousinen. Schon immer hatte sie ein Faible für schnelle Autos gehabt. Ein dunkelblauer Jaguar brauste an ihr vorbei, an dessen Steuer ein an den Schläfen bereits ergrauter Mann in Smoking saß. Ohne Begleitung. Das war für sie der Startschuß. Sie zog ebenfalls auf die linke Spur und trat aufs Gaspedal. Die rund 300 PS beschleunigten in Null Komma nichts auf 220 km/h und drückten sie tief in das weiche Leder. Sie lächelte zufrieden. Das war es: ein Leben auf der Überholspur.

Ihr Instinkt hatte sie nicht betrogen. Der Jaguar verließ die Autobahn bei Starnberg und fuhr über versteckte Landstraßen zu einem herrschaftlichen Anwesen, das hinter hohen Mauern verborgen war. Vor dem schmiedeeisernen Tor standen Wachen in historischen Kostümen mit Fackeln. Hier mußte es sein.

Dank des Luxus-Mietwagens nahm sie die erste Hürde mit Bravour. Der schwarze Flitzer passierte die Security problemlos. Scheinbar zufällig parkte sie ihren Wagen neben dem dunkelblauen Jaguar.

»Was für ein herrlicher Sommerabend!« flötete sie.

Der Single im Smoking lächelte höflich zurück. »Ja, wirklich wunderbar.«

»Waren Sie schon einmal hier?« erkundigte sie sich und heftete sich unauffällig an seine Seite.

»Ich bin ein guter Freund des Gastgebers«, erwiderte er und nestelte die Einladungskarte hervor, während er zielstrebig auf das imposante Portal zuging, vor dem ein roter Teppich ausgerollt war. Links und rechts standen Fackelträger Spalier.

»Eine traumhafte Kulisse für ein Sommerfest!« schwärmte sie.

»O ja«, stimmte er zu. »Es wird Ihnen gefallen.«

Sie hatten den roten Teppich erreicht.

»Haben Sie etwas dagegen, wenn ich zusammen mit Ihnen hineingehe?« fragte sie in einem nebensächlichen Tonfall. »Mein – äh – Cousin ist unterwegs vom Flughafen. Seine Maschine hat sich verspätet. Unglücklicherweise hat er die Einladung bei sich ...«

Er lächelte unverbindlich. »Machen Sie sich keine Sorgen. Ihr Name steht sicher auf der Gästeliste.«

Gästeliste? Ihr Lächeln gefror. Sie überlegte fieberhaft, während sie hoheitlich den roten Teppich entlangschritt und das Blitzlichtgewitter der zahlreichen Pressefotografen genoß, auch wenn es nicht ihr galt, sondern der ehemaligen Schönheitskönigin vor ihr. Welchen Namen sollte sie angeben? Sollte sie es wagen, sich als Begleiterin eines der Promis auszugeben, die hundertprozentig auf jedem Fest auftauchten? Ihr Kopf arbeitete auf Hochtouren. Wie hieß noch einmal dieses altehrwürdige Adelsgeschlecht, das mittlerweile durch unkontrollierte Massen-Adoptionen des verarmten Etagen-Adels auf eine beachtliche Größe angewachsen war? Irgendein Vertreter dieser Sippe stand sicher auf der Gästeliste.

Oder sollte sie kühn behaupten: »Ich bin die persönliche Kammerzofe von Rudolf Mooshammers Hundedame

Daisy. Sie hat ein Schleifchen verloren und besteht darauf, daß ich sie persönlich frisiere.« Was aber, wenn das süße Schoßhündchen des charismatischen Modeschöpfers ausnahmsweise nicht im Luis-Vuitton-Tragetäschchen dabei war, sondern zu Hause auf ihr Herrchen wartete? Würde man sie dann als Hochstaplerin verhaften lassen? Nun, sie würde es notfalls darauf ankommen lassen. Sie hatte keine andere Wahl.

Das Empfangskomitee bestand aus einer Horde hochnäsiger Hostessen, die anhand einer seitenlangen Liste fein säuberlich die Namen der eintreffenden Gäste abhakten.

Die Skorpionin, zum äußersten entschlossen, warf ihre kupferrote Mähne zurück. Sie hatte schon ganz andere Türsteher in Münchens Nobeldiskotheken P1 und Park-Café geschafft – das wäre doch gelacht!

Von diesem Abend hing alles ab. Ihr fiel das heutige Skorpion-Horoskop in der *Bunten* ein: *Dieses Wochenende wird Ihr Leben verändern. Die Sterne versprechen aufregende Stunden. Aber Vorsicht! Jemand könnte Ihre schönen Pläne durchkreuzen.* Sie würde sich die Chance ihres Lebens nicht vermasseln lassen. Nicht so kurz vor dem Ziel. Nur noch wenige Schritte trennten sie von ihrer glanzvollen Zukunft.

»Ob es wohl diesmal auch wieder so ein großes Mitternachtsfeuerwerk gibt?« smalltalkte sie und hängte sich genau in dem Moment mit einer vertraulichen Geste bei ihrem unfreiwilligen Walker ein, als der seine Einladungskarte einer der Hostessen überreichte. Die Einladung galt sicher für zwei Personen. Die Skorpionin vermied geflissentlich den Blickkontakt mit der arroganten Schnepfe. Der Trick funktionierte. Sie war drin!

Es gab keine Zeit zu verlieren. Der Jaguar-Fahrer sah gar nicht mal so schlecht aus. Hoffentlich hatte er jetzt auch noch ein passendes Wasserzeichen und war nicht irgendein gewöhnlicher Party-Löwe.

»Was sind Sie eigentlich für ein Sternzeichen?« fragte sie direkt.

»Pinguin!« antwortete er wie aus der Pistole geschossen und deutete lachend auf seinen Smoking. »Sieht man das nicht?«

Sehr witzig, dachte sie verächtlich und überlegte, wie sie diesen Astro-Banausen am besten wieder loswerden könnte.

»Und was sind Sie ohne Ihr Faschingskostüm?« fragte sie spöttisch.

»Äh, Zwilling«, antwortete er sichtlich irritiert.

»Schade! Dann wünsche ich Ihnen noch einen schönen Abend!« gurrte sie und ließ ihn verdutzt stehen. Sie brauchte jetzt erst mal eine Zigarette. Und dann konnte es losgehen.

Das luxuriöse Gäste-WC war mindestens doppelt so groß wie ihr mickriges Einzimmerapartment. Als sie das Marmorbad verließ, warf sie einen höchst zufriedenen Blick in den goldumrahmten Spiegel. In aller Bescheidenheit: Sie sah heute einfach hinreißend aus.

Im Vorübergehen genoß sie einige köstliche *Amuse Gueuls* von *Käfer* und brachte sich mit ein, zwei Gläsern Champagner in Stimmung. Oh, wie sie diese Atmosphäre liebte! Das war das Leben, wie sie es sich schon immer vorgestellt hatte. Hier gehörte sie her! Inmitten all dieser schönen und reichen Menschen, deren strahlendes Lächeln nur noch von dem Glitzern ihrer Juwelen übertroffen wurde, war sie in ihrem Element.

Wie berauscht glitt sie durch die feine Gesellschaft, lächelte hie und da huldvoll und schenkte so manchem potentiellen Opfer einen tiefen Blick. Aber Mr. Perfect war nicht dabei.

Auf der Suche nach dem kosmisch vorgesehenen Traummann schwebte die Skorpionin durch die mit wertvollen Antiquitäten bestückten Salons der Villa und landete schließlich in einem Raum, in dem sich ein riesiges Terrarium mit exotischen Tieren befand. Sie trat näher und beobachtete fasziniert die bizarre Mischung aus gefährlichen Giftschlangen, Leguanen, Vogelspinnen und Skorpionen.

»Gefallen Ihnen meine putzigen Haustierchen?«

Die Skorpionin drehte sich langsam um. Sie erkannte ihn sofort, den exzentrischen Multi-Millionär, dem all das hier gehörte. Auf den Fotos in der *Bunten* wirkte er allerdings viel größer.

Ein feines Lächeln umspielte ihre sorgfältig geschminkten Lippen. »O ja. Ich liebe die Gefahr«, sagte sie mit kehliger Stimme und blickte ihm tief in die Augen. Der Gastgeber erwiderte ihren Blick. »Dann erlauben Sie mir sicher, Sie auf ein Glas Champagner einzuladen?«

Die Skorpionin lächelte huldvoll. »Sehr gerne«, sagte sie.

»Sie gefallen mir«, sagte er anerkennend. »Die meisten

Damen bekommen beim Anblick meiner Lieblinge hysterische Schreikrämpfe.«

Die Skorpionin warf den Kopf zurück und lachte. Wenn er wüßte, daß sie ebenso gefährlich sein konnte.

Über eine geschwungene Wendeltreppe erreichten sie die Dachterrasse. Der Ausblick war atemberaubend: Ein Meer von Lichtern, Kerzen und Fackeln erleuchtete den weitläufigen Park, der sich bis zum See hinunter erstreckte. Ein Springbrunnen mit verspielten Marmorfiguren plätscherte vor sich hin und unterstrich das romantische Ambiente. Der Vollmond hing wie ein Party-Lampion über dem schwarz glänzenden See, in dem sich Tausende von glitzernden Sternen spiegelten. Sie seufzte.

»Schön, nicht wahr?« sagte er und legte seine Hand auf ihre Schulter.

»Oh ja!« antwortete sie. »Einfach traumhaft!«

»So klar wie heute nacht sieht man die Sternbilder selten«, fuhr er fort.

»Haben Sie Ihr Sternzeichen schon entdeckt?« fragte sie. Sie hielt nichts von Floskeln und noch viel weniger von Zeitverschwendung.

Er lachte. »Klar, da oben: der Große Wagen, das ist meiner!«

»Soso«, sagte sie spöttisch. »Was ist es denn für ein Fabrikat: Mercedes, BMW, Ferrari?«

Er lachte noch lauter. »Gut geraten: Ich besitze alle drei. Aber Sie interessieren sich wohl mehr für Astrologie?«

Sie lächelte sibyllinisch. »Nun, beides sind überaus interessante Wissenschaften für sich.«

Er blickte sie amüsiert an. »Sie verstehen etwas von Autos?«

»Aber ja. Als Skorpion-Frau liebe ich rassige Flitzer.«

»Ich habe ebenfalls ein Faible für schöne Autos. Und natürlich auch für schöne Frauen wie Sie.«

Hoppla, der ging aber ran! Eher untypisch für einen Krebs oder Fisch. Natürlich spielte der Aszendent bei der Ausprägung der Persönlichkeit eine nicht unerhebliche Rolle. Das konnte ja interessant werden ...

»Übrigens – Ihr ungewöhnlicher Schmuck gefällt mir«, sagte er und betrachtete eingehend das silberne Pentagramm, das sie wie immer um den Hals trug.

»Mein Talisman«, sagte sie stolz. Ob er ihr heute Glück bringen würde?

»Also«, hakte sie unbarmherzig nach. »Was sind Sie für ein Sternzeichen?«

»Ich habe im Februar Geburtstag«, sagte er beinahe widerwillig.

»Ein Fisch!« rief sie erfreut. BINGO!

»Ja, leider«, sagte er. »Fische gelten ja als furchtbar langweilige Zeitgenossen ...«

»Aber nein!« protestierte sie. »Fische sind einfach wunderbar!«

»Vielen Dank für die Blumen«, sagte er, sichtlich geschmeichelt. »Aber erzählen Sie mir doch etwas über Skorpione.«

Ihre langen, rotlackierten Fingernägel umspielten den goldenen Rand ihres Champagnerglases.

»Skorpione sind feurig und leidenschaftlich ...« flüsterte

sie verführerisch. »Wir beherrschen die ganze Skala der Emotionen in voller Lautstärke.« Die negativen Eigenschaften des Skorpions verschwieg sie lieber.

»Das klingt ja interessant«, sagte er lächelnd, als hätte er ihre Gedanken gelesen. Er legte leicht die Hand über ihre Schulter, und gemeinsam blickten sie in den erleuchteten Park. Die Skorpionin atmete tief durch. Neben ihr stand der Lotto-Jackpot, sie mußte ihn nur noch knacken.

»Noch ein Glas Champagner?« fragte er höflich. Aha, der Fisch hatte also angebissen! Jetzt bloß nichts Falsches sagen. Er hing an der Angel, jetzt brauchte sie nur noch ganz langsam das Netz zuzuziehen.

»Gerne«, flötete sie.

Er setzte sich in Bewegung. »Aber laufen Sie mir nicht davon!«

Sie lächelte. Davonlaufen? Vor einem Mann seines Kalibers? Wenn er wüßte!

Während er zur Champagner-Bar ging, suchte sie rasch die Toilette auf, um ihr Make-up aufzufrischen. Vor dem Spiegel zog sie ihre Lippen mit einem Turbo-Shine-Lipstick nach, der laut Werbung mindestens dreißig Prozent mehr Lippenvolumen vortäuschte. Da erblickte sie plötzlich hinter sich im Spiegel ihre Astrologin, die wie aus dem Nichts erschienen war. Sie hatte ihr volles dunkles Haar zu einer kunstvollen Frisur hochgesteckt und trug ein umwerfendes, tiefdekolletiertes Abendkleid aus nachtblauer Seide.

»Finger weg von dem Typ«, sagte die Astrologin mit eiskalter Stimme.

Die Skorpionin erstarrte. In diesem Ton hatte die vermeintliche Freundin noch nie mit ihr gesprochen. Nach der ersten Schrecksekunde fand sie ihre Fassung wieder und puderte ihre Wangen mit Rouge, daß es nur so staubte.

»Wie bitte? Was soll denn das? Und überhaupt: Was machst du denn hier?«

Die Astrologin lächelte überlegen. »Ich habe heute nacht die Horoskopkonstellation meines Lebens. Und der Typ, mit dem du gerade so schamlos geflirtet hast, ist zufällig ein Klient von mir. Ich habe ihn schon lange im Visier. Heute nacht ist es endlich soweit – die Sterne stehen perfekt für ihn und mich. Wir sind füreinander bestimmt. Auf diesen Moment habe ich seit Jahren gewartet. Und du Flittchen wirst mir nicht dazwischenfunken. Ist das klar?!«

Die Skorpionin drehte sich langsam um und musterte die Astrologin herablassend. »So kenne ich dich ja gar nicht«, sagte sie spöttisch. »Schau lieber erst mal in den Spiegel, bevor du große Pläne schmiedest.«

Die Astrologin lächelte ungerührt. »Arme Skorpion-Frau«, höhnte sie. »Deine Sticheleien kannst du dir ersparen. Heute kannst du noch so hinreißend aussehen – aber leider ist dein Horoskop im Gegensatz zu meinem derzeit ziemlich miserabel.«

»Ach«, entgegnete die Skorpionin gereizt. »Ich dachte, daß mir eine Zukunft in Saus und Braus bevorsteht! Hast du mir für mein teures Geld nicht immer genau das erzählt?«

Die Astrologin warf einen mitleidigen Blick auf das Spiegelbild der Skorpionin. »Hättest du mal nur besser zugehört! Es ist zwar dein Bestreben, reich und glücklich zu werden, nur sieht dein Schicksal ganz anders aus. Das ist ein kleiner, aber feiner Unterschied. Die Planeten wirken sich leider ziemlich negativ auf dein Liebesleben aus. Oppositionen und negative Aspekte, wohin man nur blickt. Nichts von deinen hochtrabenden Plänen wird dir gelingen, gar nichts! Ich habe versucht, dich zu warnen. Aber du hörst ja immer nur, was du hören willst ...«

Die Skorpionin erbleichte. »Ich glaube dir kein Wort, du falsche Schlange!«

Die Astrologin lächelte. »Die Sterne lügen nicht«, sagte sie. »Ach übrigens, wußtest du, daß mein Aszendent ebenfalls Skorpion ist?«

Die Skorpionin schnappte empört nach Luft.

»Was das bedeutet, kannst du ja in der einschlägigen Fachliteratur nachlesen«, fuhr die Astrologin ungerührt fort. »Das heißt, wenn du noch dazu kommst. Mit Mars im achten Haus – da wäre ich an deiner Stelle vorsichtig.«

»Mars im achten Haus?« wiederholte die Skorpionin. In ihrem Kopf rotierte es. Die Symbole der Planeten und Tierkreiszeichen wirbelten kreuz und quer vor ihrem geistigen Auge herum und verursachten einen kompletten Astro-Blackout. Sie haßte es, wenn jemand mehr wußte als sie und dieses Wissen auch noch gegen sie ausspielte.

»Mars im achten Haus – das bedeutet: Große Gefahren. Unfälle. Plötzlicher und unerwarteter Tod.«

Sie starrten sich feindselig an. Die Pupillen der Skorpionin verengten sich.

»Ich habe dich gewarnt«, sagte die Astrologin leise und verschwand so schnell, wie sie aufgetaucht war. *Besaß sie etwa übersinnliche Kräfte? Konnte sie hexen? Beherrschte sie die uralten Rituale der Schwarzen Magie? Hatte sie womöglich eine Voodoo-Puppe von ihr angefertigt? Trug sie unter ihrem nachtblauen Kleid ein Fläschchen mit Zaubertrank, den sie dem Objekt ihrer Begierde in den Champagner träufeln würde, um das Opfer gefügig zu machen?*

Die Skorpionin bebte vor Zorn. Mit zitternden Fingern zündete sie eine Zigarette an und inhalierte tief. Ihre Gedanken überschlugen sich. Was sollte sie jetzt tun? Die unverhohlen ausgesprochene Warnung in den Wind schlagen? Die Security rufen? Einen Skandal heraufbeschwören?

Energisch drückte sie die Zigarette im Waschbecken neben den goldenen Wasserhähnen aus. Ein Skorpion gibt nicht so einfach auf. Von wegen schlechtes Horoskop – sie würde sich von so ein paar blöden Planeten nicht ihre Zukunft verpatzen lassen. Auf in den Krieg der Sterne!

Strahlend und erhobenen Hauptes kehrte sie zu ihrem hochkarätigen Verehrer zurück.

»Ich dachte schon, Sie wären verschwunden!« sagte er erleichtert und reichte ihr galant ein Glas Champagner. »Auf die Königin der Nacht!«

Sie blickte ihm tief in die Augen. »Auf die Sterne!«

Schweigend schauten sie in die laue Sommernacht. Eine Sternschnuppe fiel vom Himmel. »Schnell, wünschen Sie sich etwas!« rief sie aufgeregt und kniff ganz fest die Augen zu. *Laß dieses Miststück in den See fallen. Laß ihn nur Augen für mich haben. Laß alle meine Wünsche heute nacht in Erfüllung gehen ...*

»Auf daß unsere Wünsche recht bald in Erfüllung gehen!« sagte er und hob das Glas.

In diesem Augenblick trat die Astrologin von hinten an ihn heran. Sie strahlte die eiskalte Überlegenheit einer Frau aus, die todsicher weiß, daß die Sterne auf ihrer Seite sind.

»Hallo! Schön, Sie zu sehen!« Sie küßte ihren Klienten zur Begrüßung links und rechts auf die Wange. Dann wandte sie sich der Skorpionin zu. »Suchten Sie nicht gerade Ihren Ehemann?« fragte sie und lächelte zuckersüß. »Ich habe ihn vorhin am Dessert-Buffet gesehen. Er sucht Sie.«

Der eisige Blick der Skorpionin verhärtete sich. »Ich glaube, Sie verwechseln da was«, zischte sie.

Der heißbegehrte Fisch blickte irritiert von einer zu anderen. »Ach, die Damen kennen sich?«

Die Astrologin lächelte honigsüß. »Die Dame war einmal eine Klientin von mir.«

Die Skorpionin brachte ihren imaginären Giftstachel in Angriffsstellung.

In diesem Augenblick begann mit lautem Knall das Mitternachts-Feuerwerk. Bunte Raketen schossen in den Himmel, explodierten in den schillerndsten Farben und fielen glitzernd in den See.

»Oooooh! Aaaah!« riefen die Gäste bei jeder Rakete

und applaudierten begeistert. Wie gebannt starrten alle in den farbenprächtigen Sternenhimmel. Fast alle.

Die Skorpionin stand ganz vorne an der Balkonbalustrade und nippte am Champagner, während sie fieberhaft überlegte, wie sie die Astrologin loswerden könnte, und zwar für immer.

Unauffällig entfernte sie sich und stellte im Vorübergehen ihr Champagnerglas ab. Mit geraffter Robe rauschte sie die Treppe hinunter in den Salon, in dem sich das Terrarium befand. Hektisch wühlte sie in ihrer MCM-Handtasche, die sie günstig aus der Konkursmasse der Nobelmarke erstanden hatte, und zog das dazu passende Brillenetui hervor. Vorsichtig näherte sie sich mit weit aufgeklapptem Etui einem besonders giftig aussehenden Skorpion und ließ die Falle zuschnappen. Triumphierend stopfte sie das Etui in die Handtasche und eilte zurück auf die Dachterrasse.

Das Feuerwerk näherte sich seinem Höhepunkt. Die Skorpionin trat unauffällig hinter ihre Kontrahentin, die sich eng neben den millionenschweren Fisch-Mann gestellt hatte. Die Skorpionin vergewisserte sich, daß alle Gäste gebannt das farbenprächtige Spektakel am Sternenhimmel verfolgten, dann ließ sie die Hand langsam in die Tasche gleiten und holte das Etui hervor. Als das Feuerwerk zum grandiosen Finale ansetzte, öffnete sie das Etui hinter dem Rücken der Astrologin und ließ ihren mörderischen Komplizen frei. Der Skorpion krabbelte unbemerkt über die Schulter der Astrologin und fiel kopfüber in das tiefausgeschnittene Dekolleté, wo er wütend seinen Giftstachel in den wogenden Busen bohrte. Ein gellender Schrei durchdrang die Nacht, die Star-Astrologin sank röchelnd zu Boden und blieb mit weit aufgerissenen Augen reglos liegen. Frenetischer Applaus brandete auf. Das Feuerwerk war vorbei.

Die Skorpionin nahm sich noch ein Glas Champagner, lächelte zufrieden und ließ von der Balustrade aus einen triumphierenden Blick über ihren künftigen Hofstaat gleiten.

Die Königin der Nacht bestieg den Thron.

Anne Perry *Die blaue Brosche*

11. November 1919. Es war der Geburtstag von zwei Schwestern, Alice und Dori Taylor. Zwischen ihnen lagen drei Jahre, auf den Tag genau. Aber die Feste im Leben eines einzelnen Menschen gingen unter in den Tränen und der Freude einer ganzen Nation, die feierte, daß ein Jahr zuvor der größte Krieg in der Geschichte Europas zu Ende gegangen war. In jedem Dorf, in jeder Familie erinnerte man sich an die Toten: Angehörige, Freunde, Nachbarn. Niemand war unbeschadet davongekommen, alle hatten den Verlust eines geliebten Menschen zu beklagen. Und viele hatten mehr als einen Menschen verloren, vielleicht waren sogar Vater, Ehemann und Bruder gefallen. Es gab Frauen, die trauerten um all ihre Söhne, ganze Familien waren ausgelöscht worden.

Für Dori, die heute zweiundzwanzig Jahre alt wurde, war es das Ende eines langen, eintönigen Alptraums gewesen, und sie konnte es kaum erwarten, sich endlich wieder zu amüsieren. Die Toten sollten in Frieden ruhen und die Lebenden den Blick in die Zukunft richten. Nach den langen grauen Jahren gab es wieder Lachen und Musik – und was für Musik! Voll von Leben und Rhythmus und dem Versprechen aufregender Abenteuer. Nicht einmal in den wildesten Träumen hatte man sich ausgemalt, wie sehr die Mode sich verändern würde. Keine Korsetts mehr, in die man sich hineinzwängen mußte, keine bodenlangen Röcke mehr. Jede Frau konnte frei durch die Straßen gehen, sich bewegen, atmen, zu Boden bücken. Und von jetzt an würde es nur noch besser werden! Die Soldaten waren aus Frankreich heimgekehrt, und das ewige, angsterfüllte Warten auf Nachricht war endlich vorbei. Mit dem Ende der Kämpfe hatte ein vollkommenes Gefühl der Freiheit von Dori Besitz ergriffen. Alles erschien möglich. Die alten, starren Sitten, alles, was so steif und selbstgerecht daherkam, wurde einfach weggewischt.

Es war nur schade, daß es so wenige Männer gab, die nicht verstümmelt oder blind waren, die nicht an einer Kriegsneurose litten oder durch ein anderes Leiden gezeichnet waren. Und überhaupt würde nur die Hälfte der jungen Männer, die sie früher gekannt hatte, wieder nach Hause zurückkommen. Gott allein wußte, wie viele den Tod in Frankreich oder Belgien oder sonst irgendwo gefunden hatten. Sie hätte eine Liste der Gefallenen und Vermißten aufsagen können, aber sie verspürte kein Bedürfnis danach. Sie wollte glücklich sein, die neuen Modetänze aus Amerika lernen, die so viel Spaß machten, und sie wollte lachen und einen wundervollen Mann kennenlernen und jeden Moment ihres Lebens bewußt erleben und voll auskosten.

Nur wenige Meter entfernt, im nebenliegenden Schlafzimmer, kreisten Alices Gedanken um ganz andere Dinge. Als der Krieg begonnen hatte, war sie zwanzig gewesen und hatte gerade im ersten Jahr Medizin studiert. Sie hatte sich die Zulassung zur Universität schwer erkämpft, aber daran dachte sie keine Sekunde, als der Krieg begann. Sie brach das Studium ab und meldete sich als Krankenschwester zur Armee. Heute war ihr Geburtstag, aber verglichen mit *Armistice Day*, dem Tag des Waffenstillstands, war das fast nebensächlich. Ihre Gedanken waren bei den vielen Menschen, die sie kennengelernt und gepflegt hatte, Menschen, die nicht mehr hier waren und nur noch in ihrer Erinnerung existierten.

Und es gab zu viele andere, die niemals wieder ganz gesund werden würden, die ein Bein oder ein Auge verloren hatten, die tiefe Wunden an ihrer Seele erlitten hatten, so daß sie nachts von ihrem eigenen Schluchzen geweckt wurden.

Auch Alice wollte heute abend glücklich sein; es half den Toten nicht, wenn sie traurig war. Sie wollte tanzen und lächeln. Und vor allem wollte sie mit Matthew zusammensein, den sie liebte seit dem Augenblick, als er in das Feldlazarett gebracht worden war, in dem sie arbeitete. Er war verletzt gewesen, sein Gesicht war aschfahl und die Uniform blutdurchtränkt, aber er hatte sich mehr Sorgen um seine Männer gemacht als um seinen eigenen Zustand.

Dori betrachtete sich im Spiegel und war sehr zufrieden mit dem Bild, das ihr zulächelte. Ihr helles Haar fiel weich und hübsch und lockte sich von Natur aus. Sie war schlank, aber wohlgeformt, und ihre Beine waren beneidenswert. Dazu strahlte sie eine unwiderstehliche Fröhlichkeit aus; man sah ihr an, daß sie das Leben liebte. Nach den langen grauen Kriegsjahren hatte das eine größere Wirkung als Schönheit oder Tugendhaftigkeit, und sie war sich dessen wohl bewußt. So viele Menschen hatten großen Kummer erlebt. Jetzt wollten sie den Schmerz für eine Weile vergessen, und Dori verstand es nur zu gut, dieses rastlose, verlockende Bedürfnis nach Leben, nach Sinneseindrücken, nach einem Beweis, daß man ganz und gar lebendig war.

Der einzige Wermutstropfen in ihrem Glück war die Tatsache, daß es so schwer war, einen gesunden Mann zu finden; doch Dori hatte sich vorgenommen, dem Glück ein bißchen nachzuhelfen. Matthew war eindeutig der Attraktivste von allen, der einzig überlebende Sohn einer reichen Familie mit Ländereien in Berkshire und einem schönen Haus in London. Sein Ruf war tadellos, zweimal hatte er eine Auszeichnung für Tapferkeit erhalten. Wenn er wollte, konnte er sich seine Stellung in London aussuchen. Er war ihre erste Wahl: Er sah besser aus als Freddie, war sanfter als Robert, und ihre Eltern wären begeistert von ihm, was das Leben um vieles einfacher machen würde. Sie fuhr sich ein letztes Mal durch das Haar, strich den engen Rock über den Hüften glatt und öffnete die Tür.

Die Party war ein großer Erfolg. Die ältere Generation hatte beschlossen, den Abend in Ruhe zu verbringen und die Tanzfläche der Jugend, ihrem Lachen und der neuen Musik zu überlassen. Die Tänzer bewegten sich in dem schnellen, synkopierten Rhythmus.

Matthew hatte nicht erwartet, daß er den Abend genießen könnte, er hatte sich nur auf Alice gefreut. Die Erinnerung an die vielen Freunde, die er verloren hatte, bedrückte ihn an diesem Tag besonders. Genau vor einem Jahr waren die Gewehre endlich verstummt. Im Gottesdienst hatte der Pfarrer die Namen der Toten verlesen, eine Liste, die nicht enden wollte und in der jede Familie, die er kannte, einen Platz hatte. In Berkshire war es wahrscheinlich noch schlimmer.

Er stand am Eingang des großen Saals, aus dem die Teppiche entfernt worden waren; die Band wirkte elegant, fast affektiert, und spielte, bis der Schweiß auf den Gesichtern der Musiker glänzte. Er entdeckte Alice am anderen Ende des Saals, und ein Gefühl enger Vertrautheit stieg in ihm hoch, er erinnerte sich an ihren Mut, ihr unendliches Mitgefühl während dieser schrecklichen Tage und Nächte. Ihre Blicke trafen sich, und er wußte, daß sie dasselbe dachte wie er.

Dann trat aus der Menge Dori auf ihn zu, sie lachte, und ihr Rock schwang im Takt der Musik, als sie sich ihm näherte. Sie war zu jung, um zu verstehen, wie der Krieg wirklich gewesen war. Natürlich hatte sie hier in London Entbehrungen durchgestanden, aber sie hatte keine Vorstellung davon, wie es in Frankreich in den Schützengräben gewesen war, sie wußte nichts von dem dröhnenden Lärm und dem Blut, den Ratten, dem Tod überall ringsum, der Kälte des Winters und der unaufhörlichen Angst.

Er sah die Freude in ihrem Gesicht, spürte ihre Aufregung. Sie war voll von der Energie und der Hoffnung der heutigen Zeit.

»Matthew«, sagte sie fröhlich und streckte ihm die schlanken Arme entgegen. »Tanzen Sie mit mir! Haben Sie schon einmal so eine Band gehört? Marge hat mir gerade einen fabelhaften Witz erzählt, über Teddy Armstrong und zwei Frösche. Wenn Sie wollen, erzähl ich ihn Ihnen. Sie werden Tränen lachen. Habe ich jedenfalls!« Sie ergriff seine Hände und zog ihn auf die Tanzfläche.

Er war froh, als er mit ihr mitging und spürte, wie der Rhythmus von ihm Besitz ergriff. Sie war eine gute Tänzerin. Der Witz mit den Fröschen war albern und trotzdem witzig, und er mußte wirklich lachen. Es war ein wunderbares Gefühl, so unschuldig und absolut unvernünftig und frei von Sorgen und Schuldgefühlen, weil man überlebt hatte.

Der Abend verging wie im Flug. Es war schon Mitternacht, als ihm auffiel, daß er noch nicht mit Alice getanzt hatte. Natürlich hatte er mit ihr gesprochen, aber immer in einer Gruppe von Menschen. Sie gab sich etwas zurückhaltend. Er sah sie ein- oder zweimal und hatte das Gefühl, daß sie die Leichtherzigkeit des Abends nicht ganz gutheißen konnte, so als ob sie alle auf eine Art die Gefallenen verrieten, weil sie so ausgelassen lachten und tanzten, weil sie sich gegenseitig in den Armen lagen und zu dieser frivolen Musik wild das Tanzbein schwangen.

Dori und er standen am Rand der Tanzfläche, ruhten sich ein paar Augenblicke aus und tranken eisgekühlten Champagner.

»Sie kann nichts dafür!« sagte Dori lächelnd und zuckte mit den Schultern. »Das ist eben ihre Art. Sie ist glücklicher, wenn es ihr schlechtgeht. Eigentlich wollte sie diese Party gar nicht veranstalten, aber Mutter hat sie dazu gezwungen.« Sie versuchte amüsiert zu klingen, hatte aber einen schneidenden Unterton in der Stimme. »Sie findet, daß wir alle Schwarz tragen sollten. Die besten Jahre in Alices Leben waren die, als sie eine Heldin sein konnte. Sie wird nie ganz darüber hinwegkommen, so oder so.« Sie schaute ihn mit leuchtenden blauen Augen an. »Wir können die Vergangenheit nicht ändern. Aber was ist mit heute – und mit der Zukunft? Die gehört uns.« Sie stellte das leere Glas weg. »Kommen Sie, kennen Sie diesen Tanz? Er ist ganz neu, aus Amerika – einfach toll! Ich zeige Ihnen, wie es geht. Es ist ein fabelhafter Tanz.«

Und es war wirklich ein fabelhafter Tanz. Sie war eine gute Lehrerin, und er wollte unbedingt lernen. Um drei Uhr morgens ging er erschöpft nach Hause. Er schlief so fest wie seit Jahren nicht mehr und träumte von Musik und Doris lächelndem Gesicht und der Wärme ihres Körpers in seinen Armen.

Bis zur Weihnachtszeit hatte er die beiden Schwestern viele Male besucht. Er würde immer Alices Mut bewundern und die hingebungsvolle Art, mit der sie anderen beigestanden hatte, egal wie müde oder verängstigt sie selbst war. Aber nur in Doris Gegenwart wurde es ihm leichter ums Herz, ihr Sinn für Humor amüsierte ihn, auch wenn er oft bissig war, und sie brachte ihn zum Lachen trotz der andauernden Schwierigkeiten des neuen Friedens. Sie war so oft glücklich. Wenn sie sich ärgerte, dann nur über die banalen Unannehmlichkeiten des Alltags, die er einfach abtun konnte, ohne daß er ein tieferes Gefühl darauf verschwenden mußte. Mit einem Witz konnte er sie aus solch einer Laune reißen, etwas, das mit Alice unmöglich gewesen wäre. Sie kannten sich zu genau und trugen zu schwer an ihren gemeinsamen Kriegserfahrungen.

Er hatte mit dem Gedanken gespielt, Alice eine aquamarinblaue Brosche in der Form eines Skorpions, ihres Sternzeichens, zu schenken. Er hatte sie speziell anfertigen lassen, ein wunderschönes Kleinod, das wie Sonnenlicht auf der Wasseroberfläche funkelte. Skorpion war eines der Wasserzeichen, hatte er gehört. Es war ihm passend erschienen.

Jetzt wußte er instinktiv, aber ohne jeden Zweifel, daß er sie Dori schenken würde. Sie war wie geschaffen für sie, strahlend, wunderschön, ein Schmuckstück, das die Blicke auf sich zog. Und Skorpion war ja auch ihr Sternzeichen.

Er wählte einen Abend, als sie beide auf einer dieser neumodischen Cocktail-Partys waren, der neueste Schrei, typisch für die vielen Errungenschaften, die von der anderen Seite des Atlantiks herüberschwappten. Im Hintergrund spielte betörende Musik mit einem eindringlichen Rhythmus, der einem nicht mehr aus dem Kopf ging. Überall brannten Lichter, und die Menschen im Saal waren sorgfältig und elegant gekleidet.

Er reichte ihr die schwarze samtüberzogene Schatulle.

Sie öffnete sie, und vor Freude schossen ihr Tränen in die Augen.

»Matthew! Sie ist wunderschön! Haben Sie sie extra für mich machen lassen?«

Darauf gab es nur eine mögliche Antwort. »Ja, natürlich

habe ich sie für Sie machen lassen.« Es überraschte ihn, wie glücklich ihre Reaktion ihn machte. In diesem Moment wurde ihm klar, wie oft sie ihn aufmunterte. Jedesmal, wenn sie sich seit dem *Armistice Day* getroffen hatten, sagte sie ihm etwas Fröhliches, besprach ihre Hoffnungen und Pläne mit ihm, erzählte ihm einen Witz oder eine Klatschgeschichte, die ihn zum Lachen brachte.

Treue war eine der höchsten Tugenden, und bei Gott, die letzten Jahre hatten ihm das oft genug bewiesen. Er hatte gesehen, wie Männer dafür gekämpft hatten und dafür gestorben waren. Aber er brauchte einen Raum, wo seine Seele in Ruhe und Frieden genesen konnte, wo er frei war von jeder Art von Verantwortung und vor allem frei von der unerträglichen Schuld, daß er überlebt hatte, während so viele seiner Freunde nicht zurückgekommen waren. Er war unversehrt, besaß sein Augenlicht, während andere blind waren, seine Lungen waren nicht von dem furchtbaren Senfgas zerfressen, an dem unzählige Männer erstickt waren. Sicher, er hatte Alpträume, aber sie ließen nach und quälten ihn nicht mehr, seine Gefühle waren nicht abgestumpft, und er mußte nicht unaufhörlich weinen.

Dori war wie ein Licht nach einer langen Dunkelheit.

»Danke«, flüsterte sie leise mit leuchtenden Augen und drehte die funkelnden Edelsteine in der Hand. »Ich glaube, Sie sind der beste Mensch, den ich je kennengelernt habe … Ich glaube, ich hätte es nicht ertragen, wenn wir uns schon während des Krieges so nahe gewesen wären wie jetzt.« Sie führte ihre Hand zu seiner Wange und berührte ihn in einer eigenartig vertrauten Geste, die seinen Puls zum Rasen brachte. »Ich möchte nur wissen, daß Sie immer sicher und glücklich sind ... und daß ich mich um Sie kümmern darf, Sie zum Lachen bringen und Ihnen ein paar Schwierigkeiten abnehmen darf.«

»Würden Sie das für mich tun?« antwortete er halb im Spaß, aber kaum hatte er die Worte gesagt, wußte er im Innersten, daß es ihm ernst war.

Ihre Pupillen weiteten sich, und trotz ihres neckischen Tonfalls wurde auch sie ernst. »Wollen Sie das wirklich? Sicher wissen Sie, daß ich ...« Dann senkte sie die Stimme zu einem Flüstern. »Ja, ich will.« Und sie küßte ihn, anfangs noch ganz sanft, fast als hätte sie Angst, aber dann mit größerer Leidenschaft, wobei sie ihn fest in ihren Armen hielt, die erstaunlich stark waren.

Es war nicht genau das, was er im Sinn gehabt hatte, nicht so bald ... oder doch? Vielleicht hatte er es doch gewollt? Jemanden, der sich um ihn kümmerte, zu dem er gehörte, jemanden mit ihrem Humor, ihrer Fröhlichkeit und ihrer strahlenden Schönheit. Und sie war reizend, daran gab es keinen Zweifel. Was konnte es Schöneres geben? Auf welche Hirngespinste wollte er noch warten? Alice war eine gute Freundin, aber er liebte sie nicht. Sie war mehr wie ein Waffengefährte, und er hatte den Krieg und die Trauer satt, er hatte genug gelitten. Er brauchte das Lachen so nötig wie die Luft zum Atmen.

Er nahm sie in die Arme und erwiderte ihren innigen, süßen Kuß.

Trotzdem trug sie den blauen Skorpion nie. Obwohl er

gesagt hatte, daß er ihn für sie hatte anfertigen lassen, konnte sie den Verdacht nie ganz loswerden, daß das Schmuckstück zuerst für Alice bestimmt war.

Dori und Matthew heirateten im Februar. Es gab keinen Grund zu warten. Gewiß hatten jetzt alle verstanden, wie kostbar die Zeit war, wie schnell sie verging. Lebe für den Augenblick, verschwende keine Sekunde.

Alice wünschte den beiden alles Gute, zumindest bemühte sie sich. Sie glaubte, daß niemand etwas von dem niederschmetternden Schmerz in ihrem Inneren ahnte. Keiner sollte wissen, daß die jüngere, hübschere Schwester ihr den einzigen Mann genommen hatte, den sie jemals wirklich geliebt hatte.

Und sie konnte Matthew keinen Vorwurf machen. Dori war wie das Sonnenlicht auf einer Blumenwiese nach der langen Nacht des Krieges. Er war mit Sicherheit nicht der einzige Mann, der sie bewunderte, nicht einmal der einzige, der sie begehrte, er war einfach der beste von allen, der tapferste und der liebevollste. Wenn Alice ihn nicht glücklich machen konnte, dann würde sie sich zwingen, froh zu sein, daß eine andere es konnte.

Frühling und Sommer gingen vorbei, und im Herbst begann ihr Glück etwas zu verblassen. Andere Freunde heirateten. Die Wunden begannen sich zu schließen, wenigstens manche; andere würden niemals heilen. Als 1920 wieder *Armistice Day* gefeiert wurde, lagen ganz andere und dunklere Schatten am Horizont. Matthew hatte Alice seit seiner Heirat selten gesehen, und er hatte ein vages Gefühl von Schuld, so als hätte er sie auf eine unbestimmte Weise im Stich gelassen. Er vermißte ihre Freundschaft. Sie war aufrichtig und von einer geistigen Großzügigkeit, zu der Dori nie richtig fähig war.

Er sprach das Thema ein paarmal an und schlug vor, daß Alice doch für eine Weile zu ihnen zu Besuch kommen könnte. Als er es zum dritten Mal erwähnte, fuhr Dori ihn gereizt an. Ihre Launen fielen ihm in letzter Zeit immer öfter auf.

»Wenn du so unbedingt Alice sehen mußt, dann geh doch und besuch sie selbst!« sagte sie scharf und mit verkniffenen Lippen. »Ich nehme an, du weißt, wo du sie finden kannst? Ich habe nämlich keine Ahnung! Sie steckt irgendwo und führt sich auf wie eine Mischung aus Nonne und Schoßhündchen. Jedem muß sie zeigen, was für eine gute Frau sie ist, wie sie den Verzweifelten Trost spendet und den Hinterbliebenen Händchen hält.« Sie hob verächtlich ihre eleganten Schultern. Überrascht dachte er, wie häßlich diese Geste war. »Ich weiß nicht, warum du meinst, sie könnte etwas mit dir anfangen!« fuhr sie fort. »Sie interessiert sich nur für die Lahmen und Verkrüppelten, die sie bemitleiden und mit ihrer Tugend beglücken kann. Sie wüßte doch nicht mal, was sie mit einem gesunden Mann machen sollte, selbst wenn sie einen hätte!«

Ihre Ungerechtigkeit traf ihn bis ins Mark. Er hatte bis zu diesem Augenblick nicht erkennen wollen, wie oberflächlich ihr Lachen war, wie ungeduldig sie sich alles beschaffte, was sie wollte, und sei es nur aus einer flüchtigen

Laune heraus, und wie sehr ihre scharfe Zunge verletzen konnte. Jetzt erschien ihm ihr strahlender Glanz plötzlich kalt, wie fahles Morgenlicht auf Eis. Nie hatte er gedacht, daß er sich jemals so einsam fühlen würde, nicht einmal in den schlimmsten Momenten in Frankreich. Das hier hatte nichts zu tun mit dem Auf und Ab des Krieges, es gab keine gemeinsame Sache. Es war einzig und allein seine Schuld. Nach all dem Elend hatte er sich nach Wärme und einem leichten Leben gesehnt, und er hatte nach einem Traumbild gegriffen. Jetzt blieb ihm nur noch brennender Sand, er besaß etwas, das er nicht liebte, war umgeben von Fröhlichkeit, ohne sich jemals richtig zu freuen, und ertrug ein Lachen, das nicht von Herzen kam. Am schlimmsten war die endlose Nähe ohne jedes Verständnis füreinander.

Es gab keine Antwort auf ihre Worte. Sie hatte ihren wahren Gefühlen freien Lauf gelassen.

»Wir könnten uns viel besser amüsieren, wenn wir mit Teddy und Mabel nach Brighton gehen«, gab sie die Antwort selbst. »Im Royal Hotel spielt eine neue Band. Teddy hat erzählt, daß sie der absolute Hit sind.«

»War er nüchtern, als er das erzählt hat?« fragte er mit einem giftigen Unterton. Er hatte Teddys dümmliches Gesicht genau vor Augen und sein wieherndes Gelächter im Ohr, das ihn noch Tage nach einem Treffen krank machte.

»Wen kümmert das schon?« fuhr sie ihn an. »Du wirst richtig gehässig, Matthew. Früher hat dich das alles nicht gestört. Was ist schon dabei, wenn Teddy ein bißchen mehr trinkt als du? Er ist ein guter Kerl, und er tanzt wie ein junger Gott.«

Er ließ es nicht auf einen Streit ankommen. Teddy war ein Säufer und ein Langweiler, aber vielleicht war er wirklich nicht schlimmer als die vielen jungen Männer mit bösen Erinnerungen, die keine besondere Aufgabe im Leben hatten und sich ihren Lebensunterhalt nicht selbst verdienen mußten. Die Welt, in der Teddy vor dem Krieg gelebt hatte, die Welt, die er verstanden und in der er einen sicheren Platz gehabt hatte, war für immer zerstört. In der neuen Welt, die an ihre Stelle gerückt war, tat er nichts Nützliches. Aber vielleicht wußte er wirklich nicht, was er tun könnte.

»Und er bewundert dich sehr, weißt du«, fügte sie hinzu und schaute ihn mißbilligend an. »Du könntest ruhig etwas netter zu ihm sein.«

»Heute ist *Armistice Day*«, erwiderte er und wandte sich ab. »Mir ist nicht nach Tanzen zumute.«

»Guter Gott! Du bist vielleicht manchmal ein mürrischer Langweiler!« Ihre Stimme explodierte in schrillem Zorn. »Der Krieg ist vorbei! Du bist kein Held mehr, du bist nur ein normaler Mann wie alle anderen! Schau doch in die Zukunft, nicht in die Vergangenheit! Ich fahre nach Brighton! Du kannst machen, was du willst!« Sie verließ das Zimmer, und er hörte, wie sie mit leichten, schnellen Schritten die Treppen hochging.

Dori fuhr tatsächlich allein nach Brighton. Sie war überzeugt, daß Matthew ihr nachreisen würde, und machte sich keine weiteren Sorgen. Eine Gruppe von Freunden (wahrscheinlich eher ihre als seine) hatten sich im selben

Hotel Zimmer genommen. Bei ihrer Ankunft erblickte sie vier von ihnen durch den Gang, der zur Bar führte. Maude Campbell in einem enganliegenden, tief ausgeschnittenen kirschroten Seidenkleid, dessen Saum weit über dem Knöchel aufhörte. Sie gestikulierte mit den Händen und unterhielt sich angeregt mit Gillian Walsh. Dann entdeckte sie Dori und begrüßte sie laut und fröhlich. Im Hintergrund spielte eine Band etwas Jazziges mit einem schnellen, ausgetüftelten Rhythmus voll ansteckender Lebensfreude.

Aber drei Stunden später, als Matthew immer noch nicht da war, konnte Dori ihre Fröhlichkeit nur noch mühsam aufrechterhalten. Um Mitternacht mußte sie sich eingestehen, daß sie ihren Einfluß auf ihn überschätzt hatte, zumindest dieses Mal. Das war unangenehm, aber sie würde eben ihre Taktik ändern und ein bißchen härter arbeiten müssen.

Doch der ganze November ging vorbei, und sie hatte die Angelegenheit immer noch nicht aus der Welt geschafft. Wenn überhaupt, dann war es schlimmer geworden. Matthew fragte Alice, ob sie Weihnachten bei ihnen verbringen wolle, und er war so hartnäckig, daß sie wirklich kam. Zuerst schien sie sehr zurückhaltend, so als ob sie Fremde wären und sich erst ganz von neuem kennenlernen müßten.

»Wühl um Himmels willen nicht die ganze Zeit in deinen Erinnerungen!« sagte Dori scharf. »Das ist die Zeit der Freude. Fröhliche Weihnacht … hast du das vergessen? Glückliches neues Jahr! *Armistice Day* ist vorbei. Wir wissen alle, daß du eine große Heldin warst, und bewundern dich. Aber man muß ja nicht die ganze Zeit darüber reden.«

»Natürlich muß man das nicht«, stimmte ihr Alice zu und rang sich ein Lächeln ab, obwohl es um ihre Lippen zuckte, als ob die Bemerkung sie verletzt hätte. »Ich möchte glücklich sein. Ich würde so gern einen langen Spaziergang im Schnee machen, ein bißchen Schlittenfahren. Das würde mir richtig Spaß machen.«

»Schlittenfahren?« sagte Dori ungläubig. »Das ist doch etwas für Kinder!«

»Dann suchen wir uns eben ein paar Kinder«, antwortete Alice. »Ich wette, wenn das Wetter besser wird, dann sind viele draußen im Park.«

»Du meinst, wenn es schlechter wird!«

»Ich meine, wenn es weihnachtlicher wird.« Alice blickte aus dem Fenster in den bleiernen Himmel. »Und es sieht vielversprechend aus.«

Das Versprechen ging tatsächlich in Erfüllung. Als sie am nächsten Morgen erwachten, lag eine frische, blendende Schneedecke auf den Dächern und den Straßen, sogar die Äste der nackten Bäume waren wie mit Puderzucker bestäubt, und die Nadelbäume im Garten bogen sich unter der zusätzlichen Last.

»Wunderbar!« sagte Alice voll Begeisterung. »Laßt uns gleich nach dem Frühstück losgehen.«

Nach nichts stand Dori der Sinn weniger als nach einem Spaziergang im Schnee. Viel lieber wäre sie am Kaminfeuer geblieben, hätte die Klatschspalten in der Zeitung gelesen oder das Grammophon aufgezogen und

Musik gespielt. Aber sie würde auf keinen Fall zurückbleiben. Sie hatte schon bemerkt, daß Matthew jetzt mit Alice lachte, daß er nicht mehr voller Ernst mit ihr sprach, so wie früher, als der unausgesprochene Gedanke an Gewehre und Krieg und Verletzungen immer ihre Gespräche zu bestimmen schien. Sie wußte, daß Alice in einem Krankenhaus für Kriegsveteranen arbeitete, aber die Schwester redete nie darüber, allenfalls kurz, wenn sie gefragt wurde, um gleich darauf das Thema zu wechseln. Es war, als sei auch sie bereit, die Schrecken des Krieges hinter sich zu lassen und den Neuanfang anzugehen.

Das war vielleicht das Schlimmste: Alice war nicht mehr das berechenbare, aufopferungsvolle Häufchen Elend, das sie früher einmal gewesen war. Wäre sie jemand anderes, Dori hätte sie wahrscheinlich sogar ziemlich unterhaltsam gefunden, obwohl Alice niemanden kannte, der wichtig war, keinen Klatsch zu erzählen hatte, weil sie zweifelsohne keinen wußte, und obwohl ihr Sinn für Humor ein wenig merkwürdig war.

Aber das wirkliche Problem war, daß Dori sie gut genug einschätzen konnte, um zu sehen, daß sie trotz ihrer scheinbaren Unbeschwertheit noch immer in Matthew verliebt war. Es zeigte sich in ihren Blicken, wenn er nicht merkte, daß sie ihn anschaute, in der Art, wie ihre Stimme weicher wurde, wenn sie seinen Namen aussprach, daran, daß sie immer wußte, was er gesagt hatte.

Die drei gingen zusammen in den Park und mischten sich unter die Kinder, die die steilen Abhänge hinunterrodelten, lachten und sich Dinge zuriefen, auf dem festen

Schnee herumrutschten und sich mit Schneebällen freundschaftliche Gefechte lieferten. Es war Alice, die den unbeholfenen Jungen, der allein an der Seite stand, bei der Hand nahm, sich mit ihm verbündete und ihn zum Mitspielen brachte. Sie war es, die dafür sorgte, daß er dem Schneemann, den sie bauten, einen Namen geben durfte.

Auf dem Heimweg, als sie hinter Alice und Matthew herging, erkannte Dori eine große und schreckliche Wahrheit. Egal, ob er sich jemals von ihr trennte oder nicht, und auch wenn er niemals auch nur einen Moment daran dachte, sie wirklich zu verlassen – ein Teil von ihm war schon von ihr gegangen und gehörte wieder Alice, gehörte ihr sogar noch mehr als früher. Dori hatte ihn nur für eine gewisse Zeit gehabt, sie hatte ihn bezaubert und ihn den Horror vergessen lassen, als er es brauchte. Aber das war alles. Es war so unabwendbar wie der nächste Winter, daß sie ihn letzten Endes in jeder Hinsicht, die wichtig war, verlieren würde, daß sie nur noch dem Namen nach seine Ehefrau sein würde.

Und die anderen würden es merken. Neugierige Augen würden die Blicke verstehen, all die Worte, die niemals zwischen den beiden gefallen waren. Man würde über Dori klatschen, die bösartigen Zungen ihrer Feinde würden über sie herziehen, und noch viel schlimmer als das, ihre Freunde würden sie bemitleiden.

Sie faßte den Plan in einem Museum. Es war eine Ausstellung mit Sammlerstücken aus dem südamerikanischen Dschungel, Pfeile und ähnliche Dinge, das meiste furchtbar langweiliges Zeug. Natürlich würde ein bitterer Nachgeschmack bleiben, aber unter diesen Bedingungen war das unvermeidlich. Sie hatte ein paar Vorbereitungen zu treffen, aber eigentlich war alles ganz einfach.

Alice hätte nicht sagen können, daß sie an diesem Weihnachten glücklich war. Sie liebte Matthew noch immer, und daran konnte auch die ganze Arbeit auf der Welt, egal wie wichtig sie war, nichts ändern. Aber sie hatte gelernt, mit der Einsamkeit und den Träumen zu leben, die wie wunde Stellen tief in ihrem Herzen und ihren Gedanken schmerzten und an die sie besser nicht rührte.

Jetzt, als sie ihn und Dori besuchte, mit ihm zusammen war und mit ihm redete wie früher, so einfach und mit diesem intuitiven Verstehen, jetzt war der Schmerz besonders stark. Aber er vermischte sich auch mit einer Freude, auf die sie nicht wieder verzichten wollte. Sie würde nicht noch einmal so lange wegbleiben. Wenn sie keine Liebe haben konnte, dann würde sie wenigstens den Mut aufbringen und sich die Freundschaft erhalten, mit allem, was es ihr gab und sie kostete.

Sie zog sich für das Weihnachtsabend-Dinner um und schlüpfte in ein weiches, enganliegendes blaugraues Abendkleid, das nicht aufwendig gemacht, aber sehr schön geschnitten war. Da klopfte es an der Tür, und Dori kam herein, ohne eine Antwort abzuwarten. Sie war ganz in elegantes Schwarz gekleidet, und mit ihren blonden Locken leuchtete sie förmlich.

»Ich habe ein Geschenk für dich«, erklärte sie mit einem triumphierenden Ton in der Stimme. »Ich habe mich fest entschlossen, es dir zu schenken, und lasse mich nicht mehr davon abbringen.«

Alice zögerte, ob sie das Geschenk annehmen sollte, aber eine Welle der Zuneigung durchflutete sie, und sie merkte, daß sie lächelte. Dori behandelte sie gewöhnlich nicht besonders großzügig, aber vielleicht änderte sich das endlich.

»Vielen Dank«, sagte sie. »Was ist es? Möchtest du nicht bis zur Bescherung warten?«

»Nein, du sollst es heute abend tragen.« Dori hielt etwas hinter ihrem Rücken versteckt. Jetzt brachte sie es nach vorn. Es war eine ungefähr fünf Zentimeter lange schwarze Schmuckschatulle aus Samt. Ihr Lächeln wurde breiter, als sie den Deckel hob. In der Schatulle befand sich eine außergewöhnlich schön gearbeitete Brosche in der Form eines Skorpions. Das Licht flimmerte und brach sich in einem Dutzend reiner Aquamarine.

Alice verschlug es den Atem. Nie hatte sie etwas Schöneres gesehen. Es war überwältigend. Sie suchte nach den richtigen Worten und fand keine. Sie schaute hoch zu Dori und versuchte zu verstehen.

»Sie ist ... sie ist wunderschön«, flüsterte sie. »Warum willst du sie mir schenken? Es ist doch auch dein Sternzeichen!«

»Ich möchte einfach, daß du sie hast«, erwiderte Dori. Ihre Augen leuchteten genauso wie die Steine. »Laß sie mich dir anstecken. Sie paßt wunderbar zu deinem Kleid. Darauf wird sie richtig zur Geltung kommen.« Sie nahm die Brosche mit allergrößter Vorsicht aus der Schatulle, fast als sei es ein wirklicher Skorpion. Der Verschluß war schon offen, die Nadel hatte einfach auf dem Satinstoff gelegen und war nicht wie gewöhnlich verschlossen. Dori hielt sie vor sich, und die dunkel gefärbte Nadel bewegte sich. »Steh still«, befahl sie. »Ich will dich nicht stechen.«

Alice ging einen Schritt auf sie zu, damit sie leichter an das Kleid kam. In diesem Augenblick hörten sie Matthews Stimme draußen im Gang. »Dori!«

Dori erstarrte.

»Sie ist hier!« antwortete Alice.

Dori drehte sich halb um, die Brosche immer noch in der erhobenen Hand, als wolle sie sie schnell noch Alice anstecken, bevor Matthew hereinplatzte.

Aber sie war zu langsam, er war näher, als sie dachte. Er drückte die Tür auf. Dori drehte sich schnell um und zog den Arm hastig hinter den Rücken, um die Brosche vor ihm zu verbergen. Dann schrie sie auf, ein jäher, hoher, schmerzerfüllter Laut, als hätte sie sich ernsthaft verletzt. Im nächsten Moment stolperte sie in Alices Arme, mit weit geöffneten Augen, das Gesicht steif und ausdruckslos. Sie wollte sprechen, aber sie schien den Mund nicht bewegen zu können. Ihr Kopf sank vornüber. Alice bemühte sich, sie aufrecht zu halten, aber Doris Knie gaben nach, sie bekam keine Luft mehr und fiel zu Boden. Die Haut um ihre Lippen war schon blau verfärbt.

»Was ist los?« sagte Matthew verständnislos und mit tiefer Besorgnis in der Stimme.

»Ich weiß es nicht.« Alice war erschrocken und durcheinander. Dori war noch nie ohnmächtig geworden. »Gerade eben ging es ihr noch gut. Sie hatte ein Geschenk für mich, eine unglaublich schöne Brosche. Sie ist ...« Ihr Blick senkte sich, und sie entdeckte den funkelnden blauen Skorpion an Doris ebenmäßigem freien Rücken. Die lange Nadel hatte sich tief in ihr Fleisch gebohrt, und ein dunkelroter Blutstropfen hatte sich darum gesammelt. Bei ihrer schnellen Bewegung hatte sie das Gleichgewicht verloren und sich selbst mit der offenen Nadel gestochen, die sie eben an Alices Kleid hatte heften wollen.

»Dori?« sagte Alice sanft und strich über das Gesicht ihrer Schwester. »Dori?«

Aber Dori bewegte sich nicht. Ihr Atem war langsam und schwach, dann hörte er ganz auf.

Curare, das Pfeilgift der südamerikanischen Indianer, wirkt sehr schnell. Sie nennen es den »fliegenden Tod«.

Später wurde Matthew klar, was geschehen war, aber in all den langen, von Liebe erfüllten Jahren erzählte er es Alice nie. Sie trug die blaue Skorpion-Brosche in Erinnerung an das letzte großzügige Geschenk ihrer Schwester. Warum hätte er diese Erinnerung zerstören sollen?

Aus dem Englischen von Lisa Kuppler.

Ann Camones

Die auf dem Vulkan tanzen

Meine Geschichte mit Stella bzw. die Anbahnung selbiger erfolgte in *Harry's New York Bar,* einem Etablissement, das ich zu nachtschlafender Zeit für gewöhnlich nur dann frequentiere, wenn dienstliche Erfordernisse dies unumgänglich machen. In Anbetracht der erheblichen Verzögerung des Eintreffens seitens meines Vorgesetzten HK Hinze erwog ich bereits, meine Rechnung zu begleichen und unverzüglich die nächste Telefonzelle aufzusuchen, als sich eine weibliche Person mittleren Alters ohne Begleitung forschen Schrittes auf die dortige Theke zubewegte. Ihrer äußeren Erscheinung und Ausstaffierung gemäß sah ich mich zunächst veranlaßt, sie als russischstämmige Freischaffende einzustufen.

Da sie sich nunmehr in meinem unmittelbaren optischakustischen Beobachtungsradius befand, gelang es mir, festzustellen, daß ihre etwa schulterlange Haarpracht (korrigiere mich: Haartracht) durchweg natürlichen Ursprungs zu sein schien. Betreffs der blonden Färbung derselbigen indessen war dies jedoch mit Sicherheit auszuschließen. Noch bevor seitens des zuständigen Barkeepers eine Bestellung der betreffenden Person aufgenommen werden konnte, hatte selbige bereits, ohne auch nur mit der Wimper zu zucken, (korrigiere mich: Etwas in der Art tat sie wohl doch) erste Initiativen zur Kontaktaufnahme eingeleitet. Bei den Zielpersonen handelte es sich um eine vierköpfige Gruppe vertriebsmäßig wirkender männlicher Personen Mitte Zwanzig, welche allesamt mit leichten Sommeranzügen der Firma *Boss* im sogenannten Hahnentrittmuster und gelben Seidenkrawatten bekleidet waren. Spätestens zu diesem Zeitpunkt leitete ich meine Ermittlungen ein.

Nachdem sie eine der in Frage kommenden Zielpersonen mehr oder weniger genötigt hatte, ihr einen Sitzplatz anzubieten, beschränkte sich die Konversation der beiden Beobachtungsobjekte zunächst auf den Austausch belangloser Floskeln. Soweit es mir möglich war, das Gespräch zu verfolgen, handelte es sich dabei um horoskopmäßige Belange. Fakt ist, daß gerade solche Thematiken sich bei Kontaktaufnahmen zwischengeschlechtlicher Art heutzutage besonderer Beliebtheit erfreuen. Aufgrund der musikalischen Beschallung in besagtem Etablissement ließ sich meinerseits nicht ausmachen, was im Folgenden genau zwischen den Objekten meiner Beobachtung verhandelt wurde. Die entscheidende Frage seitens der männlichen Zielperson hinsichtlich der Kosten war hingegen eindeutig laut und deutlich vernehmbar.

Die Beantwortung seiner Frage erfolgte sinngemäß etwa dahingehend, daß die Kunden ihr üblicherweise freiwillig einen gewissen Obolus nach eigenem Ermessen aushändigen würden. Ergänzend fügte sie jedoch hinzu, eine ausführliche Bearbeitung würde meistens so um die 300 DM erbringen. Zu diesem Zeitpunkt erschien es mir, daß eine Einigung hinsichtlich der Kostenfrage aufgrund zu ungenauer Angaben ihrerseits nicht zustande gekommen war, da die männliche Zielperson sich nunmehr rasch entfernte. Der plötzliche Rückzug vom Verhandlungsort erfolgte unter Zurücklassung der Visitenkarte des weiblichen Beobachtungsobjekts neben seinem leeren Glas. Selbstverständlich ließ ich das Beweisstück umgehend unauffällig in meiner Tasche verschwinden, nicht jedoch ohne vorherige Kenntnisnahme seines Inhalts.

Meine Mutmaßungen hinsichtlich des Begriffs *ausführliche Bearbeitung* stellten sich aufgrund dessen als nicht zutreffend heraus. Vielmehr ließ das aufgeführte Gewerbe nunmehr völlig andere Rückschlüsse aufkommen:

Dr. Stella Starost
Astrologische Beratungen

Da mit einem Eintreffen von HK Hinze nunmehr nicht mehr gerechnet werden konnte, gab ich eine weitere Getränkebestellung auf und ging zum privaten Teil der Ermittlungen über. Mangels weiterer männlicher Personen in ihrem unmittelbaren Umfeld erleichterte sich mein Vorhaben dadurch, daß Frau Dr. Starost sich meiner angenehmen Stimme zuwandte und ein *Hallooh!* verlauten ließ. Im weiteren Verlaufe des Gesprächs bot Stella mir das Du an und teilte mir mit, das Erstellen persönlicher Horoskope diene nur zur Bestreitung ihres Lebensunterhalts. Als ihren eigentlichen Arbeitsschwerpunkt bezeichnete sie die empirische Forschung im Bereich Astrologie. Das Gespräch gestaltete sich als äußerst lehrreich, zumal ich bis dahin keinerlei Kenntnisse über das Vorhandensein dieses Forschungszweiges aufzuweisen hatte.

Um der Wahrheit Genüge zu tun, komme ich allerdings

nicht umhin, zu erwähnen, daß ich mich mitunter infolge einer gewissen Ablenkung nicht in der Lage sah, ihren Ausführungen Folge zu leisten. Im Eifer des Vortrages hatte Stella vermutlich ganz unbewußt Tuchfühlung aufgenommen (korrigiere mich: Strumpffühlung; denn sie trug ein kniefreies Bekleidungsstück). Die Angabe meiner Berufsbezeichnung verleitete sie zu einem wohlklingenden Lachen und der anschließenden Frage: *Der Schnüffler und die Seelenschnüfflerin – findest du nicht, daß das gut zusammenpaßt?*

Leider sah ich mich daraufhin veranlaßt, dahingehend zu intervenieren, daß ich Protest gegen die unzulässige Gleichsetzung von Polizei und Schnüffler einlegte. Daher versäumte ich die eigentliche Beantwortung ihrer Frage. Selbige übernahm sie persönlich, nachdem die unumgänglich gewordene Frage hinsichtlich meines Sternzeichens geklärt war: *Ich denke, das geht klar. Skorpione sind gut im Bett.* Da ich meinerseits nicht widerstehen konnte, gelang es ihr im weiteren Verlaufe der Nacht, ihre Feststellung einer genaueren Überprüfung zu unterziehen.

Seine Geschichte mit Krimhild hab ich schließlich doch aus ihm herausgekitzelt. Alfred Krämer, der Geheimniskrämer, typisch Skorpion. Dabei ist der Schnüffler nicht nur irgendein Skorpion; er ist schon ein ganz besonderes Exemplar. Und das, finde ich, macht alles andere doch wieder wett. Sein Aszendent ist Skorpion, und Pluto, der Herrscher dieses Zeichens, ist der Enddispositor in seinem Horoskop. Alfred ist Pluto pur, geballte düstere Macht im inneren Kern. Vorsicht Stella! – studieren, aber rechtzeitig abservieren.

Eigentlich mag ich es ja an Männern, wenn sie auch mal den Mund halten können, doch bei Alfred – mein Gott, was habe ich mir da nur angelacht – geht mir das dann doch zu weit. Jedes Detail muß man ihm förmlich aus der Nase ziehen. Und was für eine Nase, eigenartig platt und großporig, sieht eher wie ein Käsecracker aus. Diesseits und jenseits davon baumeln Tränensäcke, schwabbelig wie Hängebauchschweinchen. Wenn sie in Bewegung geraten, sieht es aus, als würden sie auf den Käsecracker zuwatscheln, um ihn anzuknabbern. Seine Augen verschwinden förmlich zwischen ihnen und den wurstigen Schlupflidern. Aber wenn sie dann so tiefdunkelblau durch die winzigen Schlitze blitzen, ist es, als würde der Mond durch die Wolken brechen, geheimnisvoll, souverän, wissend, fast hypnotisch. Es ist der Skorpion-Blick, der sagt: *Ach wie gut, daß niemand weiß, daß ich Rumpelstilzchen heiß!* Ich werde mich noch wundern, was so alles in ihm steckt, versiegelt, vergraben, irgendwo ganz tief weggesteckt, als gehöre es eigentlich gar nicht zu ihm. Achtung, Stella, unterschätze nie einen Skorpion, tanze niemals auf einem schlummernden Vulkan.

Anfangs habe ich Alfred eher überschätzt. Seine Sheriffmasche und den ulkigen Jargon, den er drauf hat, hielt ich nur für Show. So eine überspitzte ironische Selbstdarstellung mag ich ja an Männern, finde ich irgendwie vielversprechend, sexy. Wie er seinen Colt – *seine Dienstwaffe* würde er natürlich sagen – beinahe zärtlich neben dem

Bett abgelegt hat und ihn dabei gekonnt um den Zeigefinger kreisen ließ, das hatte schon was. Mittlerweile weiß ich es leider besser; Alfred ist schlicht und platt Bulle. Die sind anscheinend so. Nix Selbstironie, nix sexy – nein, das schon gar nicht –, seufz! Auf die Frage, warum er zu den Bullen gegangen ist – davor war er Automechaniker – hat er allen Ernstes gesagt: *um Gutes zu tun.* Sind das nicht die witzigsten Momente im Leben, wenn die Wirklichkeit so gekonnt das Klischee bedient?

Was soll's, ich will ihn ja nicht heiraten. Und sein gehobenes Machogehabe hat schließlich einen gewissen Unterhaltungswert. Schön ist er nicht, eher interessant häßlich, aber er ist groß und gut gebaut. Das Grundmaterial ist soweit in Ordnung, wenn auch das Styling – naja, lassen wir das. Bei Männern geht das jedenfalls so für mich klar. Da wären allerdings auch noch die paar kurzen sexuellen Desaster, die wir miteinander hatten. Aber das sehe ich auch nicht so eng – alles im Dienste der Wissenschaft. Möglicherweise hat er seine Geschichte mit Krimhild ja immer noch nicht ganz verkraftet.

Seine *Verflossene* nennt er sie, dabei kann von Verfließen keine Rede sein, denn anscheinend ist sie ihm ja in Fetzen um die Ohren geflogen. Das muß jetzt ziemlich genau zwei Jahre her sein. Natürlich gibt er sich selbst die Schuld an ihrem Tod, auch wenn er es abstreitet.

Alfreds Ehe mit Krimhild hat zehn Jahre gehalten. Zur Scheidung kam es nicht aus dem üblichen Grund, aus dem Bullen meistens geschieden werden. Eher im Gegenteil; seiner Frau war es gegen Ende der Ehe ganz angenehm gewesen, daß der Herr Kommissar nur noch zum Duschen nach Hause kam, wenn er mal wieder in Kommission war. So hatte sie Zeit, ungestört an ihrem Krimi zu schreiben. Leider war Krimhild Krämer in Krimikreisen ein unbeschriebenes Blatt geblieben, denn bevor sie dazu kam, ihren Krimi zu veröffentlichen, starb sie bei einem Verkehrsunfall. Alfred war es, der die Scheidung verlangt hat. Er hatte es nicht ertragen können, daß sie ihn dauernd über Details seiner Arbeit ausgefragt und unter Druck gesetzt hat, seine Dienstgeheimnisse zu verraten. Klar doch – wie kein anderes Sternzeichen verschließt der Skorpion Geheimnisse tief in seinem Inneren. Foltere ihn, und er wird sie nur noch tiefer vergraben. Das kann so weit gehen, daß er sie schließlich selbst nicht mehr findet. Skorpionen muß man sanft kommen, wenn man einen Blick in ihr Innenleben werfen will, niemals fordernd.

Mit Details über den Unfall ist Alfred erst nach zwei Wochen rausgerückt. Wie es scheint, war er da schon so verliebt in mich, daß es ihm deshalb möglich war, einmal über seinen Schatten zu springen. Das ist die andere Seite der Skorpione, ihre Leidenschaftlichkeit, ja ihre Neigung zur Obsession, die es ihnen ermöglicht, sich über alle Grenzen, selbst die eigenen, hinwegzusetzen. Ich hätte es nicht erst so weit kommen lassen dürfen. Wenn sie erst mal so tief drin stecken, kriegt man sie nicht wieder los. Aber was sollte ich machen? Männer verlieben sich nun mal in mich, das tun sie immer. Sollte ich deshalb etwa darauf verzichten, meine wissenschaftlichen Interessen zu verfolgen?

Nach der Scheidung hatte Krimhild immer wieder darauf bestanden, ihn noch einmal zu treffen. Nach einem dieser Treffen – sie saß am Steuer und fuhr ihn nach Hause – raste sie auf gerader Strecke frontal gegen einen Baum. Ihn hatte es sofort aus dem Wagen in die Böschung geschleudert. Obwohl der tapfere Held selbst verletzt und ziemlich benommen war, hatte er noch versucht, auf das Auto zuzurobben, um sie daraus zu befreien. Doch bevor es dazu kommen konnte, ist der Wagen samt Krimhild explodiert. Viel kann von ihr nicht mehr übriggeblieben sein.

Pluto, der Herrscher im Zeichen Skorpion, befindet sich gerade in einem Transit über Alfreds Geburtsmond. Ein Plutotransit bringt immer Tod oder plötzliche drastische Veränderungen mit sich. Plutotransite befördern im Menschen die Kräfte an die Oberfläche, die auf Zerstörung ausgerichtet sind, auf Elimination all dessen, was als Ballast für die Entfaltung des inneren Persönlichkeitskerns empfunden wird. Im Horoskop eines doppelten Skorpions, das so überaus plutolastig ist wie seines, könnte dieser Transit neben dem Drang, sich gewaltsam zu befreien, auch ein starkes Rachemotiv aktivieren. Tod und Wiedergeburt. Wie die Statistiken zeigen, ist das durchaus nicht immer im wörtlichen Sinne zu verstehen. Es kann auch auf einen radikalen Neubeginn hindeuten – sich frei machen von alten Verpflichtungen, sich neu definieren. Das Alte muß zerstört werden, um Platz für das Neue zu schaffen. Und der Mond steht im Horoskop eines Mannes für die Frau.

Pluto ist ein langsamer Planet. Seine Umlaufzeit beträgt etwa 248 Jahre – drei Schritte vor, zwei zurück, so ungefähr. Die Periode wiederholter Transite kann bis zu zehn Jahren anhalten. Frauen, die sich in dieser Zeit mit dem Skorpiongeborenen einlassen, tanzen auf einem Vulkan. Am Tag von Krimhilds Tod stand Pluto zum ersten Mal direkt über Alfreds Geburtsmond. Sieh dich vor, Stella! Die karmische Uhr tickt. Bald ist der nächste mathematisch genaue Transit fällig, und dann – nach einer Phase der Rückläufigkeit – in drei Wochen schon wieder einer.

Wenn ich mich beeile, kann ich meine astrologischen Recherchen, soweit sie Alfred betreffen, noch in dieser Woche abschließen. Seinen Fall – Skorpion Nr. 17 – habe ich bereits in meine SPSS-Datei eingetragen. Was die sexualitätsbezogenen Variablen betrifft, ist meine Versuchsreihe mit ihm jetzt soweit abgeschlossen. Alfred scheint zu der Kategorie von Skorpionen zu gehören, die – psychisch bedingt – mitunter zu sexuellen Funktionsstörungen neigen.

Das Mama-Problem kann auch schon abgehakt werden. Sie starb, als er sechzehn war. Er hat sie gehaßt, weil sie heimlich in seiner Post herumgeschnüffelt hat. Vermutlich hatte er auch nach ihrem Tod unter Schuldgefühlen zu leiden. Und schließlich seine fixe Idee, immer Pech mit den Frauen zu haben – auch hier wieder ganz der klassische Fall.

Die gesundheitsbezogenen Variablen sind noch offen. Skorpione sind besonders anfällig für Krankheiten der Geschlechtsorgane. Dürfte verdammt schwierig werden, ihn darüber auszuquetschen. Am besten besorge ich eine Flasche von seinem Lieblingswhisky und fülle den Schnüffler mal ordentlich ab, um seine Zunge zu lösen. Die allerwichtigste offene Frage hängt mit dem zweiten Plutotransit über seinem Geburtsmond – etwa ein Jahr nach Krimhilds Tod – zusammen. Es ist astrologisch sonnenklar, daß es da noch eine weitere Katastrophe mit einer Frau gegeben haben muß, die Herr Geheimniskrämer mir leider verschwiegen hat.

Meine Geschichte mit Stella hat mittlerweile eine Phase erreicht, in der die Befürchtung, es könne sich womöglich nur um eine flüchtige Affäre handeln, wohl gänzlich verworfen werden kann. In Bälde werde ich die Reparaturarbeiten an ihrem alten Peugeot abgeschlossen haben. Der Vergaser ist korrekt eingestellt, die Handbremse ordnungsgemäß nachgezogen. Den Ölwechsel habe ich heute nachmittag vorgenommen, bei welcher Gelegenheit der Austausch der Bremsflüssigkeit auch gleich erfolgte. Gestern war ich den ganzen Vormittag mit der Abdichtung ihres Badezimmerfensters beschäftigt. Man kann mir nicht nachsagen, ich würde mich nicht nützlich machen. Obgleich Frauen das für gewöhnlich zu schätzen wissen, legt Stellas Verhalten die Vermutung nahe, daß emanzipationsbedingte Skrupel es ihr verunmöglichen, sich dies zur Gänze einzugestehen.

Dennoch ist unschwer zu erkennen, daß Stella eine gewisse Dankbarkeit an den Tag legt; denn gestern abend wurde mir zum ersten Mal eine Einladung ihrerseits zuteil, mich von ihren hausfraulichen Künsten als Köchin zu überzeugen. Die Anrichtung der Speisen war bewußt dekorativ gehalten und nicht minder appetitanregend. Ähnliches gilt für den Ausschnitt ihres Kleides, bzw. für den Teil ihres Körpers, den selbiger dem Betrachter darbot. Zu meinem größten Bedauern muß ich allerdings gestehen, daß das einzige, was sich in Anbetracht dessen bei mir erhärtete, der Verdacht war, daß wir es hier zweifelsohne mit dem Tatbestand eines Verhörs zu tun haben würden. Straferschwerend kam sicherlich noch hinzu, daß selbiges in Tateinheit mit versuchter Beamtenbestechung mittels alkoholhaltiger Getränke einherging.

Infolge des zu reichhaltigen Genusses selbiger habe ich mich dazu hinreißen lassen, Stella über mein Verhältnis mit Ursula Selters – meiner zweiten Verflossenen – zu informieren. Stellas unaufhaltsamer Drang, meine Vergangenheit so akribisch unter die Lupe zu nehmen, löst Erinnerungen in mir, die besser unter dem Mantel des Vergessens blieben. Dies gilt besonders im Hinblick auf meine Geschichte mit Ursula, bei der sich gegen Ende mein Verdacht immer mehr bestätigte, daß sie weniger an meiner Wenigkeit als an bestimmten Informationen über mich interessiert war – was sich nach ihrem tragischen Autounfall dann leider auf unerquickliche Weise bestätigte, noch dazu öffentlich nachlesbar, auch wenn in ihrem albernen Buch, *Uhrmenschen,* von einer namentlichen Nennung der Betreffenden tunlichst abgesehen wurde.

Ursula war für mich das, was man gemeinhin als große Liebe bezeichnet. In Anbetracht dessen, wie sie es mir letztlich gedankt hat, kamen mir zum Zeitpunkt ihres Ablebens allerdings gewisse Bedenken, ob dieses Weibsstück meiner Gefühle überhaupt würdig war. Schon die Umstände unseres Kennenlernens hätten mir zu denken geben müssen. Sie nahm meine Frage nach der Uhrzeit, die ohne jeden Hintergedanken meinerseits erfolgte, zum Anlaß, ein Verhalten an den Tag zu legen, das ganz eindeutig als Flirten bewertet werden muß. Das Tempo, das sie dabei anschlug, mich in ihr Bett zu locken, war nichts gegen die anschließende Geschwindigkeitsüberschreitung bei ihrem Vorhaben, sich meiner Wenigkeit danach wieder zu entledigen. Infolge meiner Fehleinschätzung der Situation habe ich meine Werbungsbemühungen um ihre Aufmerksamkeit weiterhin fortgesetzt, indem ich – mittels eines Nachschlüssels zu ihrer Haustüre – Rosen, Liebesbriefe und andere kleine Geschenke vor ihrer Wohnungstür deponierte. Kleine Geschenke erhalten bekanntlich die Freundschaft.

Als diese sich eines Tages vor ihrer Türe häuften – was uns aus der polizeilichen Praxis in Form von Milchflaschen und Zeitungen durchaus geläufig ist und ermittlungstechnisch für gewöhnlich als Alarmsignal eingestuft werden muß –, sah ich mich aus Sorge um ihr Wohlbefinden gezwungen, in ihre Wohnung einzudringen, um nach dem Rechten zu sehen. Gewisse Anhaltspunkte ergaben, daß jeder Anlaß zur Sorge ausgeräumt werden konnte, da Ursula sich lediglich für einige Tage auf einer Vortragsreise befand.

Im Zuge meiner dahingehenden Ermittlungen in ihrer Wohnung kam ich allerdings nicht umhin, die Feststellung zu machen, daß Ursula im Begriff war, ihre intimen

Kenntnisse meiner Person in höchst abfälliger Weise zum Gegenstand einer Veröffentlichung zu machen. Infolge meiner überschäumenden Gefühle in bezug auf ihre Person sah ich mich zu diesem Zeitpunkt immer noch außerstande, meine Beziehung zu ihr ohne weiteres abzubrechen. Da ich am nächsten Tag leider feststellen mußte, daß das Haustürschloß ausgewechselt worden war, deponierte ich mein tägliches Geschenk auf dem Beifahrersitz ihres Autos, welches sich problemlos mit einem Dietrich öffnen ließ. Weil meine geplante Urlaubsreise bedauerlicherweise eine zeitweise Verhinderung der Fortsetzung meiner Beschenkungen bedeutet hätte, fiel das Geschenk in Form einer Kiste Sekt am Tage meiner Abreise quasi vorbeugend besonders groß aus.

Nicht, daß es mir leichtgefallen wäre, so einfach in den Urlaub zu fahren, ohne das geliebte weibliche Wesen von meinem üblichen Beobachtungsposten aus wenigstens noch einmal von weitem gesehen zu haben, aber es handelte sich um die heißeste Woche dieses Sommers, was ein Verbleiben meinerseits in der Stadt nicht erstrebenswert erscheinen ließ. Allerdings vermochte ich mich am Genuß des Urlaubs nicht so recht zu erfreuen, da mir – am Urlaubsort angekommen – eine Szene nicht mehr aus dem Kopf gehen wollte, die sich eine Woche vor meiner Abreise in einer in unmittelbarer Nachbarschaft befindlichen Pizzeria zugetragen hatte. Infolge der Hitze war dort eine Flasche mit italienischem Schaumwein, die auf dem über der dortigen Theke befindlichen Regal stand, explodiert. Die Wucht der Explosion hatte die winzigen Glassplitter quer durch den hinter der Theke befindlichen Küchenbereich verspritzt, so daß sämtliche Schüsseln mit Pizzabelag aus Sicherheitsgründen entfernt und der Pizzabäcker mit schweren Verletzungen in ein Krankenhaus überführt werden mußte.

Von daher erklärt es sich, daß ich auf Grund ständiger Besorgnis um meine geliebte Ursula etwas unruhig war. Obgleich ich schon berufsbedingt für gewöhnlich mit beiden Beinen auf dem Boden zu stehen pflege und nicht an Spökenkiekerei und böse Ahnungen glaube, muß ich im nachhinein doch zugeben, daß ich meine Ursulas Sicherheit betreffenden Sorgen durchaus ernster hätte nehmen müssen.

Ich hielt es nicht für angebracht, die zum Zeitpunkt meiner Rückkehr bereits abgeschlossenen Untersuchungen ihres Unfalls wieder aufzurollen und auf den bedauerlichen Tatbestand aufmerksam zu machen, daß ich die zu dem tragischen Unfall geführt habenden Sektflaschen seinerzeit im Unfallwagen deponiert hatte. Hätte ich nur im entferntesten geahnt, welche Folgen das nach sich ziehen würde, hätte ich mir zweifellos die Zeit genommen, einen neuen Nachschlüssel für Ursulas Haus zu besorgen. Obgleich mich zweifelsohne keinerlei Schuld an dem bedauerlichen Vorfall trifft, machte ich mir erhebliche Vorwürfe. Wie konnte ich vergessen, daß Ursula Sekt gehaßt hat wie die Pest?

Kombiniere: Nun, da Stella über meine Beziehung mit Ursula Selters unterrichtet ist, wird ihr nächster Schritt zweifellos in eine Buchhandlung führen. Um dem Schlimmsten zuvorzukommen, stellte ich in Aussicht, ihr mein Exemplar des vermaledeiten Buches zukommen zu lassen. Die beiden mich betreffenden Seiten wurden von mir sorgfältig mittels einer Rasierklinge entfernt. Die Gefahr der Entdeckung dieses Tatbestandes durch ungeübte Beobachter kann also mit hoher Wahrscheinlichkeit ausgeschlossen werden.

Seine Geschichte mit Ursula gibt mir ganz schön zu denken. Das geht so weit, daß ich mich schon gar nicht mehr traue, mein Auto bei ihm abzuholen. Alfreds Frauen kommen anscheinend alle durch Autounfälle um. Alp-Fred – Mann meiner Alpträume – kann es sein, daß du ein psychopathischer Serien-Automechaniker bist, oder bin ich paranoid? Nachdem ich das erfahren habe, setze ich mich auf keinen Fall in mein Auto – zumindest nicht, bevor du selbst damit gefahren bist. Ich bestehe drauf, daß du mir dein Werk persönlich vorbeibringst. Weigerst du dich, weiß ich Bescheid. Du tanzt sonst doch auch immer nach meiner Pfeife.

Um mehr über Ursulas Unfall zu erfahren, habe ich mir die Zeitungen vom Vorjahr angesehen. Alles wie bei Krimhild: plötzlicher Crash – anscheinend ohne ersichtlichen Grund – nur, daß sie sich dafür keinen Baum, sondern eine Straßenbahn ausgesucht hat. Es wird Zeit, diesen Horror-Typen abzuservieren; am besten heute noch. Ab morgen sitzt Pluto wieder genau auf seinem Geburtsmond, Hilfe! Er soll mir das Auto bringen und dann: Alp-Fred ade.

Warum hab ich mich nur auf diese dämliche Handwerkerscheiße eingelassen – erst das Badezimmerfenster, dann das Auto. Er ließ sich einfach nicht davon abhalten, Helferlein bei mir zu spielen. Außerdem neigt er dazu, sich so auf die subtile bei mir breitzumachen. Dieser widerliche Overall zum Beispiel, den er so wichtigtuerisch ausgezogen und neben meiner Waschmaschine deponiert hat. Okay, er hat das Auto repariert. Jetzt soll ich wohl sein bestimmt seit zwei Jahren nicht mehr gewaschenes Handwerker-Dingsda gestärkt, gebügelt und ordentlich gefaltet zurückgeben. Klar doch, der Skorpiongeborene gehört zu den Männern, die sich daran ergötzen können, das Weibchen am heimischen Herd werkeln zu sehen. Macht ihn wohl an, sich auszumalen, wie ich seine Drecksklamotten über den Zuber gebeugt auf dem Waschbrett schrubbe, um die Lack- und Benzinflecken rauszukriegen. Und das Bügeln erst – hmmm, sexy, Schürze hinten offen und nichts darunter.

Du gehst mir auf die Eierstöcke, Alp-Fred, mir reicht's, und zwar gründlich. Die Daten hab ich so weit im Kasten. Mehr krieg ich sowieso nicht aus dir raus. Wenn es unbedingt sein muß, steig ich heute noch mal mit dir ins Bett und das war's. Aber selbstverständlich nur, wenn du mir das Auto persönlich vorbeibringst.

Leider hat er immer noch Überstundenurlaub, da weiß er nichts Besseres mit sich anzufangen, als auf seine penetrante Art bei mir den Breiten zu machen. Wie ärgerlich, daß ich morgen früh Beratung habe. Wenn ich um neun Uhr schon raus muß, bleibt er garantiert noch den halben Vormittag im Bett liegen wie gestern. Selbst wenn ich es bis dahin schon geschafft haben sollte, ihm zu verklickern, daß er gefeuert ist, er könnte durchaus wieder den Langschläfer mimen. Keine Ahnung, wie gut so ein Schnüffler von heute sich mit Computern auskennt, aber die Vorstellung, daß er in meinen Dateien rumschnüffeln könnte, macht mich wahnsinnig. Am meisten beunruhigt mich, daß meine Maus heute neben dem Telefon lag. Ich selbst stecke sie normalerweise immer in ihre Mausefalle, die seitlich am Monitor hängt. Es ist doch so: Die größten Geheimniskrämer sind oft die Neugier in Person. Und schließlich ist der Mann ein Berufsschnüffler; der kann gar nicht anders. Gerade jetzt, wo ich das von Ursula weiß, muß ich extrem vorsichtig sein.

Ich werde ihm heute abend allen möglichen astrologischen Schmu erzählen, weshalb das mit uns beiden nicht gutgehen kann. Meine Sonne steht im Quadrat zu deinem Mars und so weiter. Und dann weg mit ihm, heute abend noch, unbedingt! Ehe ich es vergesse: Ursulas Buch muß ich ihm zurückgeben. Und sein stinkendes Stück Sondermüll muß in die Wäsche, Stella. Jetzt! Sofort! Und wenn ich zurückkomme, gleich ab in den Trockner damit. Das ist auch so ein Trick von ihm; immer etwas zurücklassen, immer einen Fuß in der Tür behalten.

Nicht mit mir, Alp-Fred! Du beleidigst meine Intelligenz. Hältst du mich eigentlich für total verblödet? Die Geschichte mit den herausgeschnittenen Seiten zum Beispiel. War nicht schwer zu entdecken, weil das Buch immer an der Stelle aufklappt. Hättest du die Seiten drin gelassen, wär ich garantiert nie bis dahin gekommen, denn so berauschend ist das große Werk deiner Ursula ja nun auch wieder nicht. Zugegeben, die Idee ist originell.

Laut Klappentext kam Ursula die Idee zu *Uhrmenschen*, nachdem sie in einem Restaurant eine Horde angetrunkener Männer beobachtet hatte, die eine Art Klassentreffen zu feiern schienen. Die Männer hatten ihre Uhren auf den Tisch gelegt und eine Frau am Nachbartisch genötigt, zu raten, welche Uhr zu wem gehört. Die Enttäuschung auf den Gesichtern derjenigen, deren Uhr sie falsch zuordnete, sprach Bände, der Stolz derer, bei denen sie richtig lag, ganze Bibliotheken. Durch dieses Erlebnis hatte Ursula die Uhr als Schlüssel zur Decodierung der Persönlichkeit des Mannes entdeckt.

Wenn Ihnen ein Mann auf Beine oder Busen starrt, schlägt Ursula ihren Leserinnen vor, *drehen Sie den Spieß doch einfach um. Hypnotisieren Sie nur seinen Jackettärmel, schon wird er damit aufhören. Ich habe es probiert. Doch führen Sie das magische Experiment ruhig zu Ende. Früher oder später wird sein gutes Stück – die meisten sind übrigens Linksträger – schon zum Vorschein kommen, und er wird nervös herumzappeln, ohne genau zu wissen, womit Sie ihn so verunsichern. Selbst die Zeigefreudigen, die Uhr-Zeiger, scheinen Probleme damit zu haben, daß man freiwillig darauf starrt, statt sich geblendet abzuwenden. Sie wissen ja, wenn ein Exhibitionist seinen Mantel lüftet, um sein Gehänge zu präsentieren, sollte man mit dem Finger darauf zeigen, kichern und bewundernd fragen, ob das alles echt ist. Das verdirbt ihm garantiert seinen Spaß. Uhr-Exhibitionisten sind da keinen Deut anders.*

Ursula ist ein richtig übles Lästermaul, alle Achtung! Ihre Arbeitsweise ähnelt in mancher Hinsicht meiner eigenen. Auch sie bedient sich der Methode der teilnehmenden Beobachtung. Allerdings geht sie nicht wissenschaftlich vor, sondern beschreibt ironisch zugespitzt diverse Kategorien von Uhrmenschen, deren bevorzugte Automarke, Frauentyp, Sportarten und so weiter, ganz besonders aber deren sexuelle Ausstattung und Performance. Wie viele Probanden sie sich vorgenommen hat, verrät sie nicht. Aber ich schätze mal, daß sie nicht ganz so fleißig war wie ich.

Irgend etwas in Ursulas Buch muß Alfred zutiefst mißfallen haben. Zuerst dachte ich, das Buch sei der Grund dafür gewesen, daß er keine Uhr mehr trägt. Aber dann entdeckte ich, daß er ausgerechnet die beiden Seiten herausgetrennt hat, auf denen es laut Inhaltsverzeichnis um den *Mann ohne* geht. Ertappt, Herr Kommissar!

Alfreds sexuelle Performance kenne ich selbst zur Genüge. Ich achte bei der teilnehmenden Beobachtung immer darauf, mich möglichst zurückzuhalten, denn nicht mein Sexualverhalten, sondern das der Probanden muß Gegenstand der Untersuchung sein. Das Repertoire von Skorpion Nr. 17 ist äußerst dürftig. Hinsichtlich seiner sexuellen Ausstattung muß ich wohl auf Ursulas Forschungsergebnisse zurückgreifen, da ich im Bett keine Brille trage. Womöglich habe ich dadurch Käsecracker Nr. 2 sowie weitere Hängebauchschweinchen verpaßt. Während die Wäsche durchläuft, muß ich unbedingt auf einen Sprung in die Buchhandlung schauen.

Ich fasse es nicht! Helferlein hat mir doch tatsächlich das Auto vor die Tür gestellt und eine rote Rose zwischen die Scheibenwischer geklemmt. Jetzt kann ich auf dem Weg zur Buchhandlung noch schnell zum Supermarkt fahren. Ich muß unbedingt Abbitte leisten. Heute abend bin ich ihm ein schönes Essen schuldig, heimischer Herd und so weiter. Den Sekt will er mitbringen. Wie konnte ich paranoide Zicke ihn nur für einen Serienkiller halten? Der Sheriff gehört schlicht und ergreifend zu den Guten. Horoskopmäßig hat er zwar eindeutig einen Hang zum Vernichtungskrieg, aber er hat das Beste aus seinem Potential gemacht: Er kämpft gegen das Böse in der Welt.

Wie ich in meinen Büchern betone, hat Astrologie nichts mit Fatalismus zu tun, auch wenn die meisten das so sehen. Zugegeben, manchmal falle ich hinter meine eigenen Erkenntnisse zurück und neige zur Schwarzmalerei. Mit dem zweiten Plutotransit lag ich übrigens richtig; er fiel genau auf Ursulas Todestag. Das heißt aber noch lange nicht, daß der momentane Transit auch eine katastrophale Wendung bringen muß. Die Kraftströmungen einer starken Planetenkonstellation können uns wie eine Sturmwelle in die Tiefe reißen. Wir sind ihnen aber nicht ohnmächtig ausgeliefert, sondern müssen die Verantwortung für unser Leben aktiv in die Hand nehmen. Wer die Natur der planetarischen Kraftströme kennt, kann sie für sich nutzen wie ein Surfer. Wissen ist Macht, ganz besonders in der Astrologie.

Tod oder drastische Veränderungen – hm! Ich könnte ja meine negative Einstellung ihm gegenüber zu Grabe tragen und unsere Beziehung drastisch verändern. Es scheint wohl darauf hinauszulaufen, daß ich Alfred noch für eine Weile behalten muß. Nicht, daß ich eine Lebensaufgabe daraus machen will – schließlich folgen jetzt drei Wochen Rückläufigkeit, und dann ist schon der nächste Plutotransit.

Alfreds fatale Haßliebe zu den Damen der schreibenden Zunft scheint übrigens karmischen Ursprungs zu sein. Sein absteigender Mondknoten weist auf angestauten Haß aus früheren Leben hin. Den muß er endlich loslassen, wenn er seine Pechsträhne mit Frauen beenden will. Und jetzt fällt mir wohl die Rolle der Erlöserin zu. Hilfe! Kann mir mal eine sagen, wie das geht? Was den Sex betrifft, könnte ich vielleicht ja zur Abwechslung mal mehr teilnehmen und dafür weniger beobachten. Okay, zum Nachtisch werde ich heute abend ein bißchen für ihn bügeln. Oder wie wäre es mit einem Hauch Sado-Maso? Ich könnte ihn zum Beispiel auf meinen Lyrikwürdigungsstuhl schnallen und ihm Gedichte aus meiner Pubertät vortragen. Was auch immer; Surfen ist angesagt, Stella, Surfen oder Untergehen. Du hast die Wahl.

Seine Geschichte mit Stella könnte schlimme Konsequenzen für Kollegen Alfred, meinen Liebling, haben. Ich verstehe ja, daß mein Schatz Angst hat, sich diesem Test zu unterziehen. Doch ein Mann muß den Mut haben, sich den Konsequenzen seines Handelns zu stellen. *Man soll der Wahrheit immer tapfer ins Auge blicken, Alfie, mein Bärchen*, habe ich zu ihm gesagt. Früher oder später wird sie ja doch ans Licht kommen.

Ich wünsche mir aufrichtig und von ganzem Herzen, daß mein Verdacht unbegründet ist, ehrlich. Ich liebe ihn über alles, er ist der Mann meiner Träume. Dennoch werde ich den Heiratsantrag meines Liebsten erst annehmen, wenn ich weiß, woran ich mit ihm bin. Und das bedeutet, daß unsere Beziehung vorerst rein platonisch bleibt. Ich bin nun mal für klare Verhältnisse. Aber egal was da auf ihn zukommt, ich werde alles gemeinsam mit meinem Bärchen durchstehen, immer zu ihm halten, in guten wie in schlechten Zeiten, ehrlich. Wie kann er überhaupt daran zweifeln?

Alfred sagt immer, bei ihm sei es Liebe auf den ersten Blick gewesen und er habe gleich gespürt, daß es bei mir genauso war, weil ich ihm – als man uns vorgestellt hat – so tief in die Augen geschaut habe. Aber er irrt sich. Das mache ich bei allen Menschen – immer auf der Jagd nach einer interessanten Iris. Nicht umsonst nennen meine Freunde mich scherzhaft *Irisjägerin.* Verliebt habe ich mich erst später in ihn, um genau zu sein, nach Frau Dr. Stella Starosts Beerdigung, als mein Bärchen sich bei mir ausgeweint hat. Ich werde nun mal schwach, wenn Männer Schwäche zeigen. Ich habe gleich gemerkt, daß mein Schätzchen jemanden braucht, der immer für ihn da ist, sich um ihn kümmert. Er wirkt zwar stark und zupackend, hat aber auch etwas von einem tapsigen großen Jungen, den man ab und zu mal in den Arm nehmen muß. Darüber hinaus ist er ein blendend gut aussehender Mann.

Mit der Irisdiagnose habe ich vor drei Jahren angefangen. Bevor ich nach Berlin versetzt wurde, kam ich mit dem Polizeiberuf nicht mehr zurecht. Ich fühlte mich von den männlichen Kollegen diskriminiert, drangsaliert und – ich schäme mich, es zu sagen – sexuell belästigt. Mein Therapeut riet mir zu einer beruflichen Neuorientierung und machte mich auf das Fernstudium zur Heilpraktikerin aufmerksam. Er war der Meinung, daß dieser Beruf gut zu mir passen würde, weil es dabei – genau wie bei der Polizeiarbeit – um nichts anderes gehe als darum, das Übel zu bekämpfen und die Ordnung wiederherzustellen. Allein hinsichtlich des Gegenstands, mit dem ich es zu tun hätte, gebe es eine kleine Akzentverschiebung vom Gesellschaftskörper hin zum Körper des einzelnen Individuums. So schön hatte er das gesagt, daß ich einfach nicht widerstehen konnte. Die Heilpraktiker-Prüfung habe ich schließlich doch nicht gemacht, aber die Irisdiagnose ist mein Hobby geworden. Für mein erstes Buch zu diesem Thema interessiert sich sogar schon ein Verlag.

Seit ich in Berlin bin, erfüllt es mich wieder mit Stolz, zur Polizei zu gehören, was ich schon nicht mehr für möglich gehalten hatte. Meinem Schatz allein habe ich es zu verdanken, daß die neuen Kollegen mir mit Respekt begegnen und ich mich nach zwei Wochen in diesem Kommissariat schon bestens aufgehoben fühle. Gleich nach unserer ersten Begegnung hat mein starker Liebling mich unter seine Fittiche genommen. Ich wage nicht einmal, daran zu denken, wie es mir ohne meinen großen Beschützer hätte ergehen können.

Mein erster Einsatz hier war gleich eine besonders unappetitliche Angelegenheit. Obwohl offensichtlich war, daß es sich um einen häuslichen Unfall handelte, sind in solchen ungeklärten Todesfällen zunächst einmal wir vom Mord zuständig. Die Waschmaschine des Unfallopfers war explodiert, weil sich durch das Zusammenwirken verschiedener Chemikalien, mit denen die Wäschestücke durchtränkt waren, unter Hitzeeinwirkung Gase gebildet hatten. Da das Badezimmerfenster außergewöhnlich gut abgedichtet war, hatte sich durch die austretenden Gase in dem kleinen Raum ein solcher Druck aufgestaut, daß es, als das Unfallopfer die Tür öffnete, zur Explosion kam. Dabei wurde die Tür samt Rahmen aus dem Mauerwerk gerissen und das Unfallopfer unter den herabstürzenden Trümmern begraben. Aufgrund einer schweren Kopfverletzung erlag Frau Dr. Stella Starost den Unfallfolgen auf der Stelle. Als wir eintrafen, stand die Wohnung wegen der herausgerissenen Sanitärinstallationen bereits unter Wasser. Zerfetzte Teile von Waschmaschine, Wäschestücken, Badewanne und diversen Körperpflegeutensilien schwammen darauf herum, und über allem lag ein entsetzlicher Gestank. Wenn der Tatort ein so schockierendes Bild abgibt, witzeln die Kollegen immer gern, um ihre Abgebrühtheit unter Beweis zu stellen. HK Hinze hielt einen Fetzen der explodierten Waschmaschine hoch und lästerte: *Typisch Lavamat – das Ding ist explodiert wie ein Vulkan. Eine Bauknecht hätte sie nehmen sollen. Bauknecht weiß, was Frauen wünschen.*

Für solche flegelhaften Scherze habe ich kein Verständnis. Mein Liebster, den ich zu diesem Zeitpunkt noch gar nicht kannte, weil er bis dahin Überstunden abgefeiert hatte, war über seinen Pieper verständigt worden und traf etwas später als wir an der Unfallstelle ein. Er wirkte sehr geknickt, beinahe verstört, war mir aber gleich sympathisch, weil er sich nicht so albern aufführte wie die anderen. Mein Schatz strahlt eine ganz besondere Autorität aus, die einem gleich imponiert. Schon zu diesem Zeitpunkt bekam ich weiche Knie, wenn er sich in meiner Nähe befand. Restlos verliebt habe ich mich aber erst, als er sich bei mir ausgeweint hat. Das war am Tag von Stella Starosts Beerdigung. Er hatte mich spät abends in eine Bar eingeladen: *Damit wir uns einmal näher kennenlernen, Frau Kommissar Jäger.* Ich bot ihm an, mich Iris zu nennen, woraufhin er gleich anfing, mir Komplimente zu machen: *Iris, die Kollegin mit den schönsten Augen der Welt, so blau wie die gleichnamige Blume.*

Mein armes Bärchen wirkte aufgewühlt und trank zuviel. Ich fühlte mich unwohl in dieser mondänen Bar und wollte am liebsten wieder gehen. Doch dann wurde er plötzlich sentimental. Er gestand mir, daß er am Morgen bei Frau Starosts Beerdigung war, und daß sie eine entfernte Bekannte gewesen sei, die er vor einiger Zeit in dieser Bar kennengelernt habe. Er habe sie daraufhin sogar einmal zu Hause aufgesucht, um sein Horoskop von ihr erstellen zu lassen. Seitdem seien sie in lockerer Verbindung geblieben.

Alfred stellte seine Beziehung zu der Verblichenen so übertrieben harmlos dar, daß mein beruflicher Instinkt mir gleich verriet, daß etwas mehr zwischen den beiden vorgefallen sein mußte. Obwohl ich zu diesem Zeitpunkt schon eine gewisse Eifersucht hegte, habe ich mein Knuddelbärchen zu trösten versucht. Ich gestehe, daß ich sogar in Versuchung war, ihn mit zu mir nach Hause zu nehmen. Aber ich bin nun mal in diesen Dingen nicht so impulsiv und hatte gute Gründe, mein aufkeimendes zartes Verlangen vorläufig auf unbestimmte Zeit zurückzustellen.

Wie die gerichtsmedizinische Untersuchung ergeben hat, war Stella Starost HIV-positiv, was in Anbetracht ihrer emsigen Forschungsaktivitäten nicht überrascht. Das schlimme ist nur, daß sie mein armes Bärchen wahrscheinlich angesteckt hat. Gleich beim ersten Blick in seine Iris sind mir die weißen Wischer rechts oben etwa bei halb eins und die deutliche senkrechte weiße Linie auf der Harnröhrenposition aufgefallen, die neunundneunzigprozentig auf eine Geschlechtskrankheit hindeuten. Ich habe weiß Gott versucht, es ihm schonend beizubringen, aber er will von einem Test einfach nichts wissen. Richtig unwirsch und wütend kann er werden, wenn ich damit anfange.

Wenn er mich wirklich liebt, wird er sich schon testen lassen. Er braucht einfach noch etwas Zeit. Die Geschichte mit Stella macht ihm auch so schon genug zu schaffen. Wie ich voller Bestürzung erfahren habe, hat er seine Mutter auf die gleiche Weise verloren. Jetzt fühlt der Gute sich bestimmt vom Schicksal verfolgt und versucht, diesem Zufall eine wie immer geartete höhere Bedeutung zuzuschreiben. Dabei ist doch bekannt, daß häusliche Unfälle weit mehr Todesopfer unter Frauen fordern als Verkehrsunfälle.

Vielleicht war es ein Fehler, wegen des Aids-Tests so viel Druck zu machen, solange mein armes Schätzchen den

Schock noch nicht verkraftet hat. Immerhin ist die Irisforschung – was die korrekte Diagnose dieser Krankheit betrifft – noch nicht weit genug fortgeschritten, um wirklich hundertprozentige Aussagen machen zu können. Deshalb habe ich das Thema Aids für mein zweites Buch gewählt. Wenn man sich in der Irisdiagnostik einen Namen machen will, beschäftigt man sich am besten mit relativ unerforschten Zweigen. Doch mit fachlichen Argumenten darf ich meinen Liebling schon gar nicht behelligen, direkt haßerfüllt sieht er mich dann immer an.

Meine Geschichte mit Iris war leider schon zu Ende, bevor sie richtig begonnen hat. Die Trauer um meine beiden letzten Verflossenen ist zweifellos beträchtlich. Man bedenke nur den schmerzlichen Verlust zweier geliebter weiblicher Wesen, der mir innerhalb einer Zeitspanne von nur drei Wochen widerfahren ist. Zunächst hatte es durchaus den Anschein, daß meine Bemühungen, nach einer passenden neuen Gattin Ausschau zu halten, nun nach über zwei Jahren endlich von Erfolg gekrönt würden. Für eine Kollegin war Iris eine überaus sanfte Natur. Die Voraussetzungen für eine erfolgversprechende Ehe unsererseits waren also durchaus gegeben, zumal nach Stellas bedauerlichem Ableben einer neuerlichen Verbindung meinerseits nichts mehr im Wege stand.

Aufgrund bitterster Selbstvorwürfe wagen meine Kollegen nun kaum noch, mir in die Augen zu schauen. Fakt ist und bleibt, daß es sich bei letzterem beklagenswerten Vorfall um den Tatbestand eines Dienstunfalls handelte, so daß es als völlig unzutreffend erachtet werden kann, wenn sie sich die Schuld am Tod unserer geschätzten neuen Kollegin Iris zuschreiben.

Am Tage des bedauerlichen Zwischenfalls hatte sich herausgestellt, daß der entscheidende Hinweis, der zur Ergreifung des lang gesuchten sogenannten *Kopf-ab-Mörders* geführt hatte, ausgerechnet unserer lieben Kollegin Iris zu verdanken war. Darüber hinaus gab selbige das Erscheinen ihres Buches *Meilensteine der Irisdiagnostik* bekannt und bekräftigte die Absicht, beide Anlässe im Kollegenkreise gebührend zu feiern. Die Kollegen sprachen dem Alkohol etwas zu heftig zu, hoben Iris immer wieder auf ihre Schultern und ließen sie hochleben. Als sich herausstellte, daß Frau Eberhard – Sekretärin ihres Zeichens – ein Exemplar des idiotischen Buches erstanden hatte und zum Zwecke des Signierens mit sich führte, sah ich mich veranlaßt, der Feier aufgrund meines stetig zunehmenden Mißmutes endgültig den Rücken zuzukehren und mich dem Verfassen des Berichtes bezüglich der Ergreifung des sogenannten *Kopf-ab-Mörders* zuzuwenden.

Die daraufhin erfolgende Feststellung, daß der Computer an meinem Arbeitsplatz eine gewisse Funktionsuntüchtigkeit aufwies, führte zu der Schlußfolgerung meinerseits, daß wir es hier mit dem Tatbestand eines Stromausfalls zu tun hatten. Bei dieser Gelegenheit rief ich mir ins Bewußtsein zurück, daß die alte Kaffeemaschine mit dem defekten Kabel übergelaufen war, was sich unschwer als Ursache eines Kurzschlusses ausmachen ließ, zumal mir im nachhinein auffiel, daß selbiger nicht nur zum Verstummen ihrer beträchtlichen Geräuschkulisse, sondern auch zur Einstellung der Funktion des Deckenventilators geführt hatte, was den Kollegen aber im Zuge der Turbulenzen besagter Feierlichkeiten in keinster Weise aufgefallen war. Daher machte ich mich auf die Suche nach einer Ersatz-Sicherung und wurde, was selbige betrifft, alsbald auch fündig.

Just zu dem Zeitpunkt, als Kollege Warmbold sich anschickte, mittels unserer Autofokuskamera mit eingebautem Blitzlicht den Triumph meiner lieben Iris für die Nachwelt festzuhalten, zu welchem Zwecke die Kollegen Hinze und Wimmer selbige neuerlich auf ihre Schulter gehoben hatten (was sich aus meinem optischen Beobachtungsradius unschwer schattenrißartig durch die Milchglasscheibe erkennen ließ), betrat Herr Gottschalk – Hausmeister seines Zeichens –, welchen ich zuvor telefonisch gebeten hatte, sich um die Anbringung der Sicherung zu kümmern, den Raum.

Alsbald nahm die tragische Verkettung der Umstände ihren Lauf, da der Deckenventilator, infolge des Wiedereinsetzens der Stromzufuhr seine Tätigkeit erneut aufnahm und Iris' hübschen Kopf wie eine überreife Melone zum Explodieren brachte, so daß die Milchglasscheibe im Nu eine rötliche Verfärbung aufzuweisen hatte. Ohne die Verwüstungen im einzelnen weiter zu beschreiben, die dieser Vorfall sowohl an besagtem Körperteil als auch im dortigen Dienstzimmer zurückließ, sollte ich vielleicht noch anmerken, daß die Kollegen trotz des Schocks geradezu vorbildlich reagiert haben, indem sie alle Einzelteile, derer sie habhaft werden konnten, auf schnellstem Wege ins Krankenhaus überführten. Ihr überaus großes Vertrauen in die Möglichkeiten der heutigen Medizin stellte sich jedoch, wie zu erwarten war, bedauerlicherweise als ungerechtfertigt heraus.

Fakt ist und bleibt, daß ich kein Glück mit Frauen habe. In Anbetracht des beängstigenden Ausmaßes an Wissensdurst, den diese mitunter an den Tag legen können, sehe ich mich nunmehr gezwungen, bei meinen zukünftigen Frauengeschichten ein striktes Zeitlimit von 24 Stunden einzuhalten. Erfahrungsgemäß dürften die Damen in dieser Zeitspanne vollauf mit dem Hinterlassen eines guten Eindrucks beschäftigt sein, was eine vermeintlich vorläufige Zurückstellung jedweder Recherchen unabdinglich macht. Iris penetrantes Drängen auf die Durchführung eines Aids-Tests meinerseits ist (korrigiere mich: war) ein lebendes Beispiel dafür, welche Auswüchse die weibliche Gier nach Wissensgut anzunehmen geruhen kann, sofern man keine geeigneten Maßnahmen zu ihrer rechtzeitigen Unterbindung zu treffen imstande ist.

Da ich berufsbedingt oft genug mit den unerquicklichen Seiten des Lebens befaßt bin, versteht sich, daß ich als Privatmensch eine gewisse Abneigung gegen das Aufspüren der abgründigen und kranken Seiten des Lebens entwickeln konnte, was mich erfreulicherweise in die Lage versetzt, stets nur das Gute und Schöne in den Mittelpunkt meiner Betrachtungen zu stellen.

Was ich nicht weiß, macht mich nicht heiß.

Die Autorinnen und Autoren

Gabriele Wolff kommt am 29. November 1955 um vier Minuten vor Mitternacht in Düsseldorf als Schütze auf die Welt. Seitdem besitzt sie einen freiheitsliebenden, offenen, spontanen Charakter, der lediglich durch ihr widersprüchliches Verhältnis zu ihren natürlichen Gegnern, den Skorpionen, eingeschränkt ist. Ob Schwester, Freunde oder WG-Mitglieder: den Skorpionen kann sie nie entgehen. Um sich selbst aus der Defensive zu manövrieren, entscheidet sie sich bei den *Astrokrimis* mit *»Tödlicher Stachel«* zum ersten Mal bewußt für Das Zeichen. Wolff arbeitet als Juristin mit Aszendent Jungfrau in Köln, Aachen, Chicago, Duisburg, Neuruppin und Potsdam. Neben ihrer Tätigkeit als Oberstaatsanwältin veröffentlicht sie Krimis wie ›Liebhaber und andere Opfer‹, ›Tote Oma‹ und ›Der falsche Mann‹. In der Astrologie sieht Wolff eine praktische Lebenshilfe, die dazu beiträgt, andere Menschen zu verstehen.

Bei einem Einstellungsgespräch in einer großen Münchner Buchhandlung stellt die Chefin von vornherein klar: Skorpione werden generell nicht eingestellt. Das führe im allgemeinen nur zu unüberwindbaren Schwierigkeiten. Im Laufe des Gesprächs kann die gelernte Buchhändlerin **Annette Döbrich** (*»Ganz sanft entschlafen«*) ihr Gegenüber dann doch davon überzeugen, daß es auch sanfte

Skorpione gibt. Sich selbst zählt die am 3. November 1949 geborene zu dieser seltenen Skorpionart. Sie veröffentlicht ›Am Abgrund der Träume‹, ›Das Ritual des Schweigens‹, ›Domina‹ und ›Die Last der Engel‹ und wird mit dem Literaturförderpreis der Stadt München ausgezeichnet. Döbrich weiß, daß man um die Astrologie keinen Bogen machen kann.

Klaus Modick (*»Scorpion Zwo«*) kommt am 3. Mai 1951 um 22 Uhr in Oldenburg als Stier zur Welt. Später arbeitet er als Schriftsteller, Übersetzer und Kritiker. Er veröffentlicht Romane wie ›Der Flügel‹ und ›Der Mann im Mast‹. Sein schriftstellerisches Können und die dazugehörige stiertypische Sturheit werden vielfach ausgezeichnet, zum Beispiel mit dem Bettina-von-Arnim-Preis und dem Stipendium ›Cité Internationale des Arts‹. Trotz seiner weiteren, teilweise mystisch anmutenden Romantitel wie ›Das Grau der Karolinen‹ und ›Das Licht in den Steinen‹ pflegt Modick keinerlei Affinität zur Astrologie, sondern hält sie schlicht für »Blödsinn«.

Als brisante Wasserzeichen-Mischung einer Krebsfrau mit Aszendent Skorpion kommt für **Sabine Thomas** (*»Die Königin der Nacht«*) bei den *Astrokrimis* nur ein Zeichen in Frage: Sie ist umzingelt von Skorpionen, ihr Adreßbuch ist randvoll mit den herrlichsten Exemplaren dieser Gattung. Thomas lebt in München und Berlin, wo sie für ein exklusives Lifestylemagazin undercover über hochkarätige Society-Events berichtet. Hier erhält sie die Inspiration für ihren *Astrokrimi* ›Königin der Nacht‹. Ansonsten schreibt Thomas den Roman ›Yaizas Insel‹ und veröffentlicht Kurzgeschichten in zahlreichen Anthologien, darunter ›Mordsweiber‹, ›Mordsgewichte‹ und ›Haffmanns Krimi-Jahresband‹. Für ›Die Telefon-Terroristin‹ wird sie mit dem 2. Platz des Walter-Serner-Kurzkrimi-Preises des SFB ausgezeichnet und erhält 1998 für ihr Roman-Debüt das Literaturstipendium der Stad München. Für die am 10. Juli 1965 um 14 Uhr bei München geborene Thomas ist Astrologie wie ein guter Krimi: Mystisch, spannend und unterhaltsam.

Anne Perrys *(»Die blaue Brosche«)* Geburt am 28. Oktober 1938 findet bereits im Schatten der berühmten Sternwarte am Nullmeridian von Greenwich, Großbritannien statt. Als introvertierter und dem Geheimnis zugeneigter Skorpion gehört ihre Liebe schon früh dem Schreiben. Zu ihren großen Erfolgen, von denen über 30 ins Deutsche übersetzt sind, gehören ›Der Würger von der Cater Street‹ (Charlotte-Thomas-Pitt-Serie), ›Das Gesicht des Fremden‹ (Monk-und-Latterly-Serie), ›Belgrave Square‹, ›Der blaue Paletot‹, ›Die Frau in Kirschrot‹, ›Frühstück nach Mitternacht‹, ›Ein Mann aus bestem Hause‹, ›Nachts am Pergamon Walk‹, ›Eine Spur von Verrat‹ und ›Der weiße Seidenschal‹. Anne Perry wohnt und schreibt im schottischen Hochland.

Ihr fünfzigjähriges Jubiläum auf diesem Planeten fällt fast auf die Minute genau mit der Sonnenfinsternis zusammen, die in **Ann Camones**' Geburtsort Aachen am 11. August 1999 um 12 Uhr 29 zu sehen ist. Dabei überschattet in ihrem Geburtshoroskop der Mond nicht nur die Position der Sonne, sondern auch die von Pluto (Herrscher im Zeichen Skorpion), die unmittelbar daneben liegt. Demzufolge fühlt sich Camones ihr Leben lang zu Skorpionmännern hingezogen. Aus Gründen, die ihr *Astrokrimi »Die auf dem Vulkan tanzen«* nahelegt, geht sie ihnen jedoch nach Möglichkeit aus dem Weg. Camones arbeitet als Dozentin, PR-Frau und Forscherin und veröffentlicht 1995 ›Verbrechen lohnt sich doch‹. Astrologie ist für sie ein energetisches Feld, dessen Schwingungen sie sich gelegentlich aussetzt, um zu beobachten, welche Resonanzen damit ausgelöst werden.

Die Herausgeberinnen

Ursprünglich als Jungfrau geplant, zieht **Thea Dorn** intuitiv ein doppeltes Feuerzeichen vor und kommt – vier Wochen zu früh – am 23. Juli 1970 in Offenbach zur Welt. Die Löwefrau mit Aszendent Schütze geht nach dem Abitur ins antarktische Südgeorgien, um dort das Verhalten der Kaiserpinguine zu erforschen. Später arbeitet sie als Dozentin für Philosophie an der Freien Universität Berlin und hält Seminare zu Fragen der modernen Ethik und Ästhetik. Sie veröffentlicht die Kriminalromane ›Berliner Aufklärung‹, ›Ringkampf‹ und ›Die Hirnkönigin‹ und erhält den *Marlowe*. Ihr Theaterstück ›Marleni‹ wird im Januar 2000 in Hamburg uraufgeführt. Nach einem für Feuerzeichen typischen anfänglichen Skeptizismus nähert sich Dorn durch die intensive Arbeit an den *Astrokrimis* der Weisheit der Sterne. »Seit ich weiß, daß fast kein Krimiautor Fische ist, schaue ich bei manchen Menschen genauer hin.«

Als die Sonne am 13. August 1966 über dem Rhein am höchsten steht, erblickt **Uta Glaubitz** in Bad Godesberg das Licht der Welt. Als nicht ganz umgängliche Mischung aus Löwe mit Aszendent Skorpion wächst sie in Köln auf und beginnt, sich für den FC, Kölsch und Karneval zu interessieren. Glaubitz studiert Philosophie, Anglistik und

Chaostheorie und unterstützt heute als Berufsfindungsberaterin andere darin, ihren Traumjob zu finden. Sie gibt Seminare, veranstaltet Konferenzen und veröffentlicht unter anderem den Bestseller ›Der Job, der zu mir paßt‹. Ihr Verhältnis zur Astrologie konzentriert sich vor allem auf die Beschäftigung mit schwierigen Konstellationen. Glaubitz ist der festen Überzeugung, daß man nur lange genug in der Kneipe sitzen muß, um auch die letzten Geheimnisse der Astrologie aufzuklären.

Als Waage mit Aszendent Krebs wird **Lisa Kuppler** am 7. Oktober 1963 im schwäbischen Eßlingen geboren. Während eines vierjährigen USA-Aufenthalts studiert sie amerikanische Geschichte und Literatur und schließt mit einem Magister in amerikanischer Umwelt- und Frauengeschichte ab. Sie entdeckt ihre Liebe zu Hollywoodkino und Populärkultur, zu Trash, Camp und Star Trek. Ihr Mars im Skorpion prädestiniert sie zu einer Karriere im *hard boiled* Krimigeschäft. Sie arbeitet als Lektorin von Krimi-Reihen und widmet sich der Neuübersetzung von Altmeister Mickey Spillane. Kuppler glaubt, daß die Astrologie ein magisches Ordnungssystem der menschlichen Wesensarten ist, das heute durch laienpsychologische Deutungen völlig verwässert wird. Die passionierte Kampfsportlerin lebt in Berlin-Mitte. Daß die nach eigenen Angaben typische Waage sich privat wie beruflich mit Löwefrauen umgibt, schreibt sie einem abstrusen Winkelzug der Astrologie zu.